느ㅋ

PA1

(7~8세)

수

이 책을 보시는 부모님들께

머리가 좋아야 수학을 잘 한다는 말이 있습니다. 또, 수학을 잘 못하는 아이는 아빠, 엄마의 머리를 물려받아서 그렇다는 등의 난데없는 유전자 논쟁이 벌어지기도 합니다. 하지만 많은 사람들의 일반적인 생각과는 달리 이는 근거없는 이야기입니다. 외국의 한 연구 기관에서 언어, 사회, 수학, 과학의 네 가지 분야 중 어떤 것이 아동의 선천적 재능에 영향을 받는지 조사한 연구 결과를 발표했는데 일반적인 예상과는 다르게 선천적 재능에 영향을 받는 순서는 사회, 언어, 과학, 수학 순이었습니다. 다시 말해, 수학은 여러 학문 분야 중 선천적인 재능보다는 후천적인 환경이나 교육자, 학습자의 노력에 가장 큰 영향을 받는 학문이라 볼 수 있습니다. 수학의 가장 기본이 되는 '수 영역'의 예를 들어 보겠습니다. 아이들이 수를 처음 접하는 시기의 차이는 있지만 실제 수에 대한 감각과 수를 다루는 연습은 생활 속에서의 체험이나 다양한 활동, 학습 속에서 이루어집니다. 즉, 수학의 가장 기본이 되는 수는 선천적으로 가진 재능과는 거의 연관이 없으며 자라나면서 어떤 환경에 놓이는지, 얼마나 많이 수를 생각할 수 있는 기회가 있는지, 나이에 맞는 올바른 학습을 만날 수 있는지에 좌우됩니다. 그러므로 아이의 수학적 발달에 문제가 있다면, 그 아이가 누구를 닮아서 그런지, 지능이 떨어지는지를 따질 것이 아니라 수학적 힘을 기를 수 있는 학습 환경을 어떻게 만들어줄 것인가를 고민해야 합니다.

국제영재교육연구소의 랜즐리 소장은 영재의 기준을 마련하기 위해 여러 연구를 시행한 결과, 영재의 공통적인 특징들을 발견하였습니다. 첫째는 115 이상의 지능지수(IQ), 둘째는 창의력(Creativity), 셋째는 동기적 요소라고 부르는 끈질긴 근성과 과제집착력이었습니다. 이들 세 가지 요소 역시 선천적으로 타고 나는 부분도 물론 있겠지만 대부분 후천적인 학습이나 교육 활동을 통해 기를 수 있는 능력이라는 데에 이의를 제기하기는 힘듭니다.

이처럼 수학적 능력은 후천적 학습 환경에 주로 좌우되며, 특히 어린 시절에는 그러한 경향이 더더욱 두드러집니다. 하지만 우리의 아이들을 둘러싼 수학적 환경을 다시 한 번 돌아봅시다. 초등학교를 들어가기 전부터 과도한 학습량과 무의미한 반복 활동, 이후의 수학 학습에 오히려 방해가 될 정도로 무리한 선행 학습 등의 환경은 아이의 수학적 힘을 길러주기보다는 수학에서 가장 중요한 창의적 사고력을 기를 수 있는 기회를 박탈함과 동시에 수학에 대한 흥미를 급속하게 떨어뜨리게 하여 수학으로 문제를 해결하려는 의지, 즉 수학적 동기를 스스로에게 부여하는 것을 불가능하게 만들어 버립니다. 중요한 것은 남들보다 먼저, 그리고 더 많이 수학적 지식을 머리 속에 주입하는 것이 아니라 태어나서부터 누구나 가지고 있는 수학에 대한 관심, 그리고 수학으로 생각하는 힘을 일깨워주는 것입니다.

수학을 잘할 수 있는 힘, 수학적 잠재력은 이미 여러분 아이들의 머릿 속에 줄곧 있어왔습니다. 단지 어떤 아이는 그것을 찾아내어 드러낼 수 있었고, 어떤 아이는 꼭꼭 숨긴 채 평생 드러나지 않을 뿐입니다. 이러한 수학적 잠재력에 대한 참신한 자극 – 생각을 두드리는 '노크'를 제안하려 합니다. '노크'는 수학적 지식과 스킬만을 무리하게 밀어넣지 않습니다. 왜 수학을 해야 하고, 어떻게 수학으로 가능한지 끊임없이 스스로 생각하게하는 계기로서의 활동이 되려 합니다. 일상으로부터 괴리된 학문으로서의 수학이 아닌, 삶을 살아가며 반드시 키워야 할 논리적, 합리적 사고력을 기를 수 있는 누구에게나 가장 중요한 경쟁력으로서의 수학을 주장합니다. '노크'야말로 새로운 수학 학습의 길을 보여주는 방향타가 될 것입니다.

한 현 조

똑!똑! 사고력 수학
노크의 구성

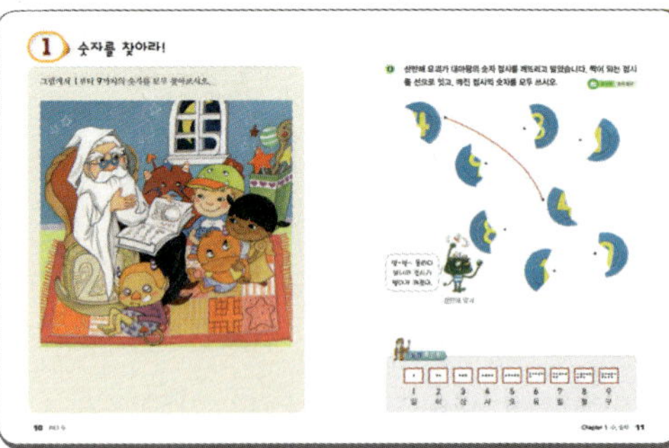

시작 : 생각열기

사고력 수학 주제에 맞는 수학적 상황, 수학사, 생활 속 수학 이야기 등의 자유로운 형식으로 흥미를 유발하고, 수학적 사고를 자극하는 주제별 프롤로그

노크 포인트

문제 해결의 핵심적 원리를 '콕!' 집어서 간결하게 요약한 사고력 수학 주제별 포인트

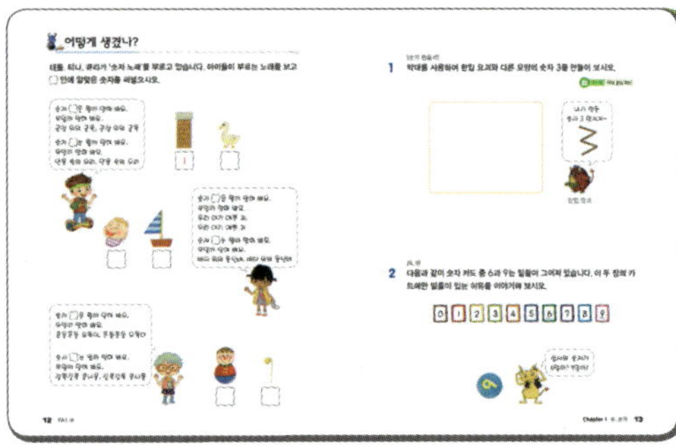

전개 : 유형 탐구

사고력 수학의 대표 유형을 노크만의 새로운 방법으로 차근차근 한 단계씩 익히고 해결하는 단계적 유형 탐구와 이를 통해 익힌 방법적 원리를 적용, 확장하는 확인 문항

수학 요정들의 친절한 충고와 꼬마 요괴들의 밉살스럽지만 유용한 조언으로 어려운 발전 문항의 해결을 돕는 문제 해결 도우미 박스

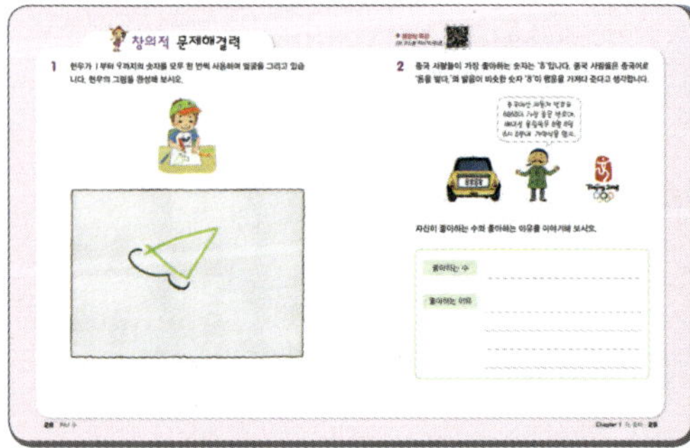

발전 : 창의적 문제해결력

3개의 사고력 수학 주제를 갈무리하는, 한 차원 높은 창의력과 복합적인 사고력을 요구하는 발전 문항의 끝판왕

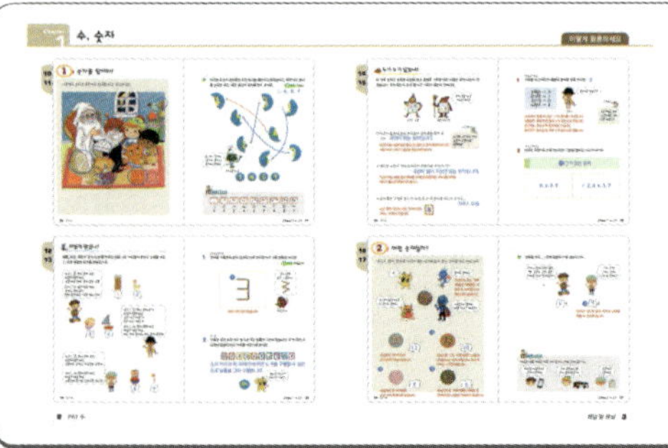

마무리 : 정답 및 해설

본문에 그대로 첨삭된 정답과 간략한 풀이 과정을 통한 사고력 수학 활동 피드백으로 마무리

노크
캐릭터 소개

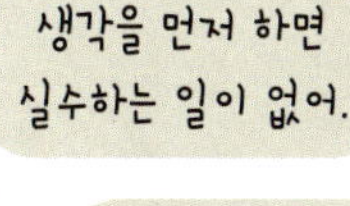

태돌
추진력 대장

현우
끈기 도령

티나
치밀한 전략가

큐리
호기심 해결사

마법사 멀린과 수학 요정

마법사 멀린

노크랜드의 지식의 수호자. 지식을 파괴하려는 대마왕의 음모에 맞서 모험을 떠난 친구들의 든든한 조력자.

아르키메데스

페르마

플라톤

파스칼

피타고라스

가우스

유클리드

오일러

대마왕과 꼬마 요괴

대마왕

노크랜드의 지식의 파괴자. 세계를 차지하기 위해 모든 지식을 없애버리려고 하는 요괴들의 두목.

딴소리

한입

장난

잘난척

딴짓

멍하니

잠만자

대충이

산만해

울보

거꾸로

뛰어

이 책의 차례

CONTENTS

수, 숫자

숫자를 찾아라!

그림에서 1부터 9까지의 숫자를 모두 찾아보시오.

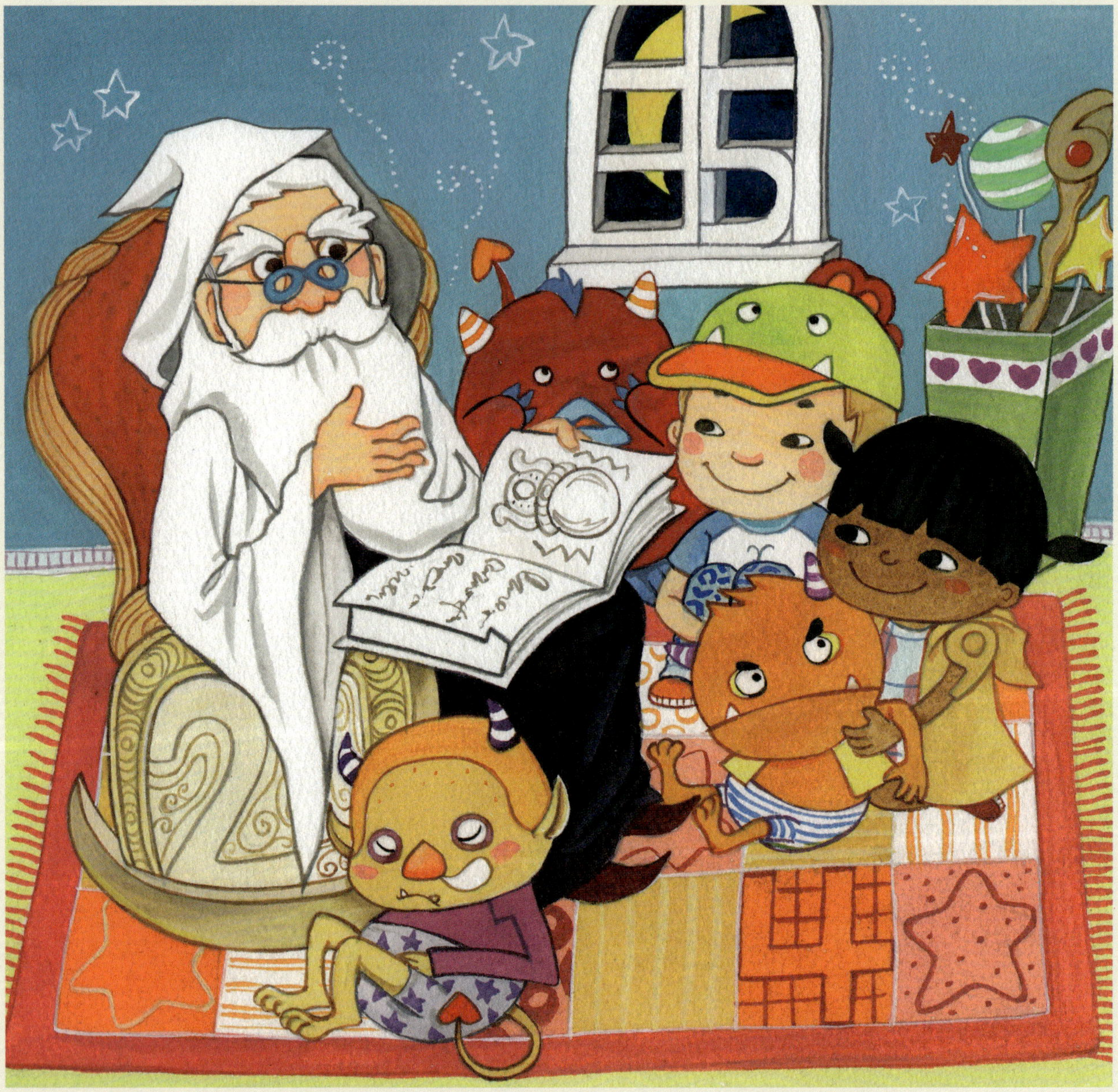

산만해 요괴가 대마왕의 숫자 접시를 깨뜨리고 말았습니다. 짝이 되는 접시를 선으로 잇고, 깨진 접시의 숫자를 모두 쓰시오.

준비물 숫자 접시

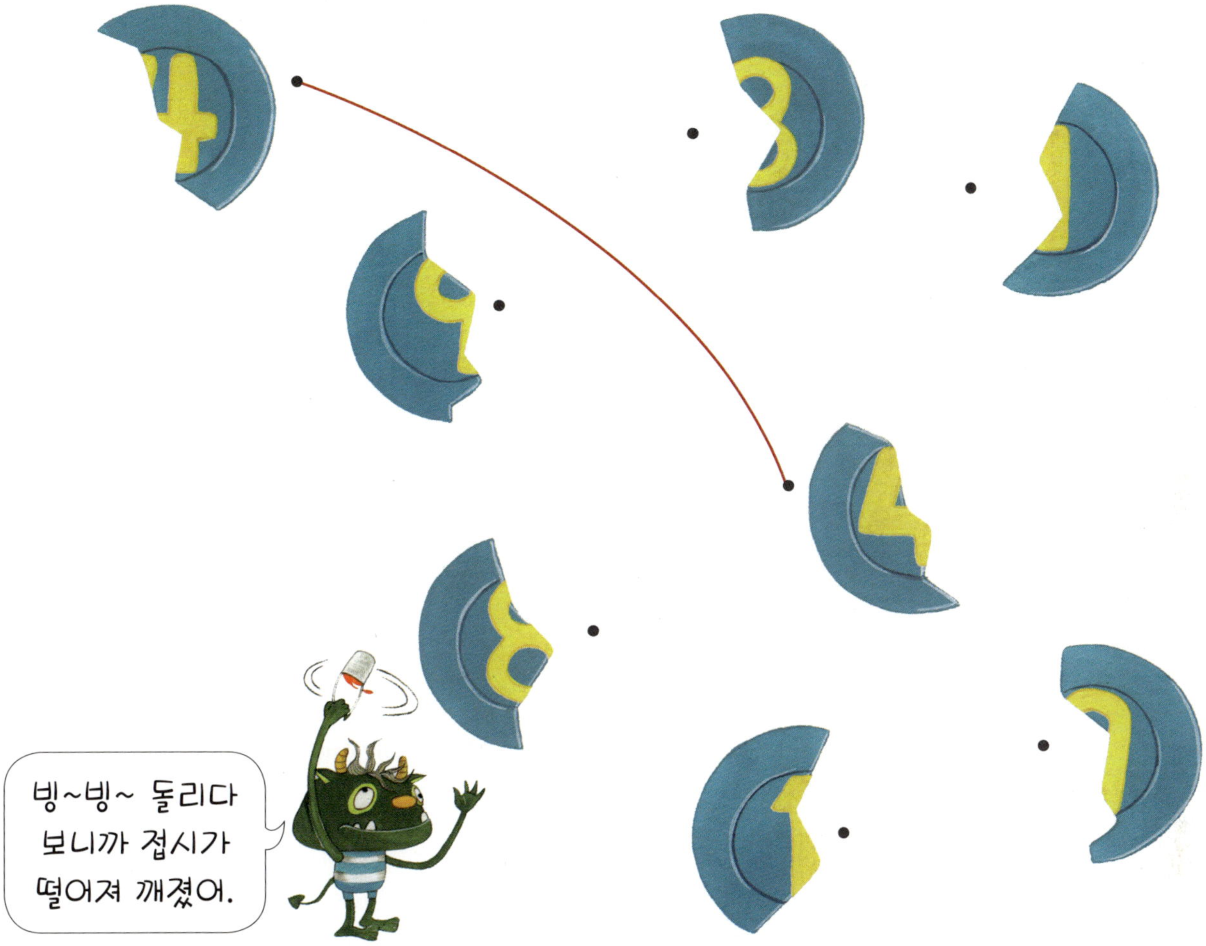

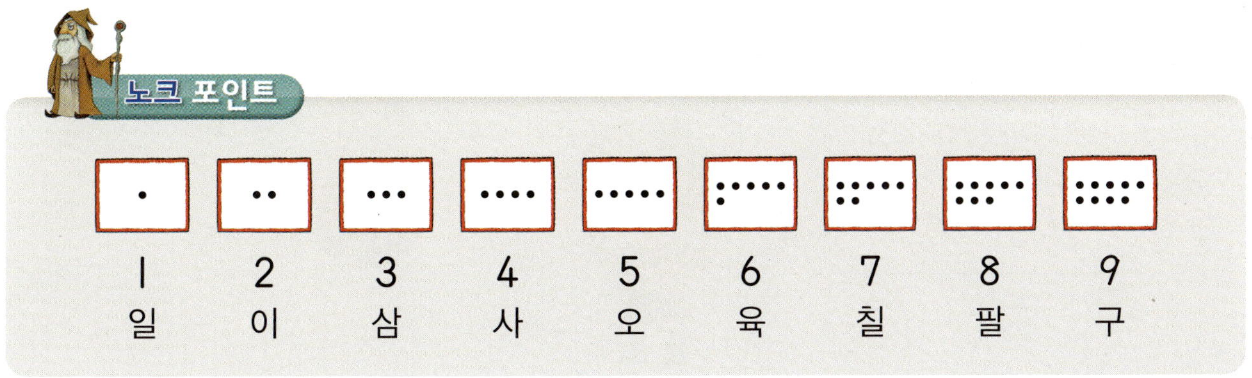

산만해 요괴

·	··	···	····	·····	·····	·····	·····	·····
1	2	3	4	5	6	7	8	9
일	이	삼	사	오	육	칠	팔	구

태돌, 티나, 큐리가 '숫자 노래'를 부르고 있습니다. 아이들이 부르는 노래를 보고
□ 안에 알맞은 숫자를 써넣으시오.

숫자 □은 뭘까 맞혀 봐요.
무얼까 맞혀 봐요.
공장 위의 굴뚝, 공장 위의 굴뚝

숫자 □는 뭘까 맞혀 봐요.
무얼까 맞혀 봐요.
연못 속의 오리, 연못 속의 오리

1

숫자 □은 뭘까 맞혀 봐요.
무얼까 맞혀 봐요.
우리 아기 예쁜 귀,
우리 아기 예쁜 귀

숫자 □는 뭘까 맞혀 봐요.
무얼까 맞혀 봐요.
바다 위의 돛단배, 바다 위의 돛단배

숫자 □은 뭘까 맞혀 봐요.
무얼까 맞혀 봐요.
흔들흔들 오뚝이, 흔들흔들 오뚝이

숫자 □는 뭘까 맞혀 봐요.
무얼까 맞혀 봐요.
길쭉길쭉 콩나물, 길쭉길쭉 콩나물

1 막대를 사용하여 한입 요괴와 다른 모양의 숫자 3을 만들어 보시오.

준비물 막대 붙임 딱지

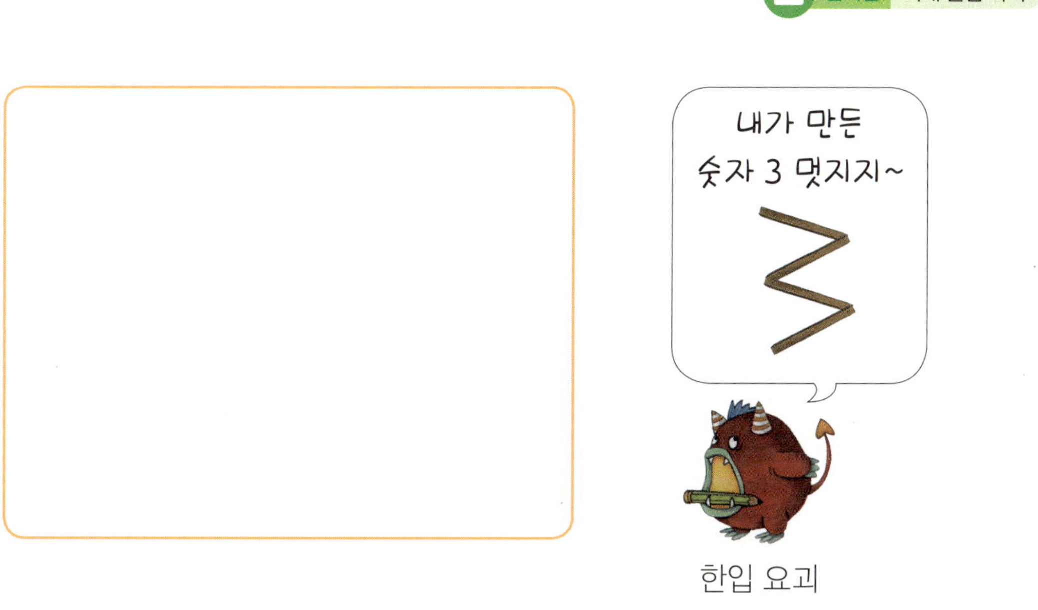

[6, 9]

2 다음과 같이 숫자 카드 중 6과 9는 밑줄이 그어져 있습니다. 이 두 장의 카드에만 밑줄이 있는 이유를 이야기해 보시오.

두 수학 요정이 숫자의 모양을 보고 일정한 기준에 따라 다음과 같이 나누어 가졌습니다. 숫자 8은 두 요정 중 누가 가지게 되는지 구하시오.

가우스 요정　　　　페르마 요정

❶ 가우스 요정이 가진 숫자들의 공통점을 찾아 보시오.

❷ 페르마 요정이 가진 숫자들의 공통점을 찾아 보시오.

❸ 숫자 8의 모양을 보고 두 요정 중 누가 가지게 되는지 쓰시오.

1 다음을 보고 티나의 물음에 올바른 답을 하시오.

2 0부터 9까지의 수를 자신만의 기준을 정하고, 나누어 보시오.

기준

딴소리, 뛰어, 잠만자 요괴가 점들 사이에 숨어 있는 숫자를 찾고 있습니다.

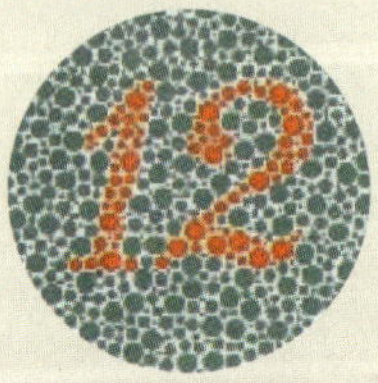

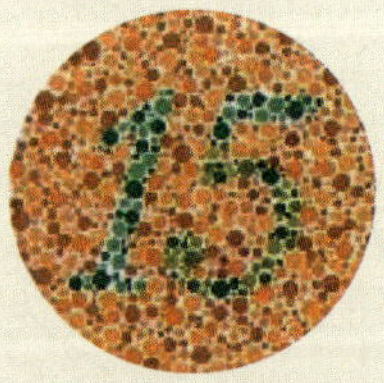

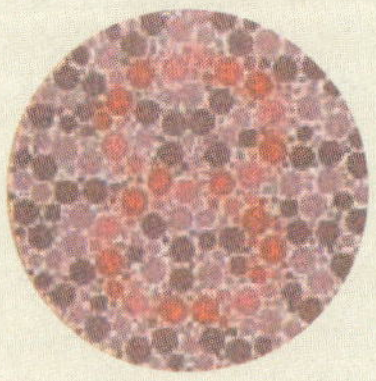

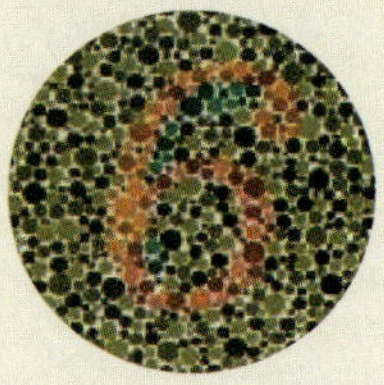

대화를 보고 ☐ 안에 알맞은 수를 써넣으시오.

우리 가족은 아빠, 엄마, 형, 그리고 나야. 우리 가족은 모두 몇 명일까?

나는 너랑 나이가 같아. 나는 몇 살일까?

☐ 명   ☐ 살

노크 포인트

우리는 생활 속에서 자주 수와 만나고, 수를 이야기합니다.

우리집 전화번호는 6919-9999야.

나는 3번 버스를 타고 유치원에 가.

우리집은 3층이야.

 ## 문장 완성

현우와 티나는 낙타를 보고 다음과 같이 문장을 만들었습니다. 그림을 보고 알맞은 수를 넣어 문장을 완성하시오.

케이크

케이크에 초가 ☐ 개 꽂혀 있습니다.

잠자리

잠자리 날개는 ☐ 개입니다.

문어

문어 다리는 ☐ 개입니다.

무지개

무지개의 색깔은 모두 ☐ 개입니다.

1 다음 사진을 보고 숫자를 사용하여 울보 요괴의 일기를 완성하시오.

5월 14일　　　날씨: 햇님이 쨍한 날

요괴 학교에서 하루 종일 나쁜 요괴가 되는 법을 배웠다.
대마왕님은 더 나쁜 요괴가 되어야 한다고 혼을 내셨다.
속상해하며 집에 와서 어항을 보니 뭔가 이상했다.
대마왕님께 여쭤보니 사진 2장을 보내주셨다.

사진을 보니 무슨 일이 있었는지 알 수 있었다.
내가 학교에 있는 동안

____

____

____

나는 너무 속상해서 엉엉 울었다.

숨어 있는 수

이삿짐 회사 전화번호의 공통점을 알아보고, 같은 방법으로 여러 가지 전화번호를 만들어 보시오.

❶ 위의 전화번호를 보고 '이사'와 관련된 트럭인 것을 알 수 있는 이유는 무엇인지 쓰시오.

❷ ❶과 같이 숫자를 읽었을 때 나는 소리를 잘 생각하여 다음 가게의 전화번호를 만들어 보시오.

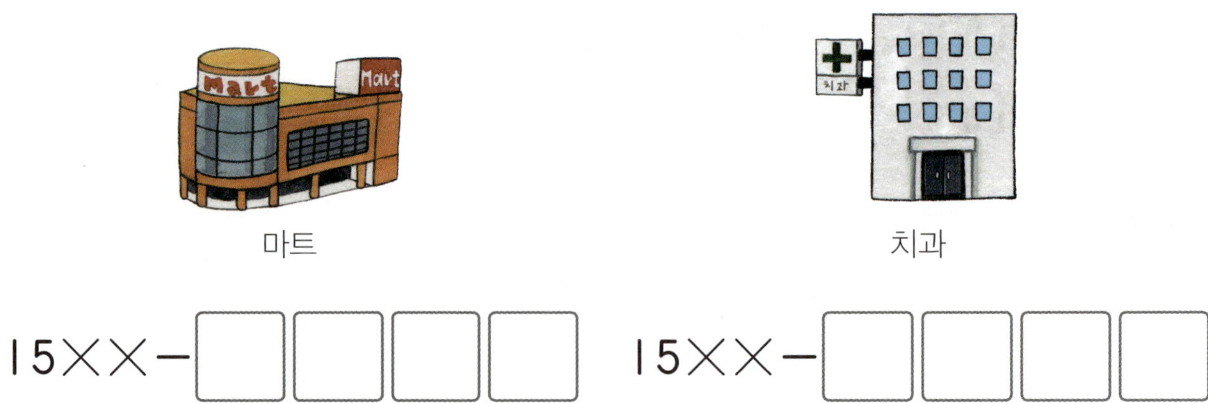

15XX－☐☐☐☐   15XX－☐☐☐☐

1 다음은 어머니와 태돌이가 나눈 메시지의 내용입니다. 어머니가 남긴 두 번째 메시지의 뜻을 쓰시오.

2 다음과 같이 수가 숨어 있는 단어를 찾아 쓰시오.

3 몇?

각 상자에 담긴 코끼리 젤리의 수를 ☐ 안에 써넣으시오.

 | 5원이 들어있는 지갑을 모두 찾아 ◯표 하시오.

수를 읽는 방법에는 2가지가 있습니다.

l	2	3	4	5	6	7	8	9	10
일 하나	이 둘	삼 셋	사 넷	오 다섯	육 여섯	칠 일곱	팔 여덟	구 아홉	십 열

ll	l2	l3	l4	l5	l6	l7	l8	l9	20
십일 열하나	십이 열둘	십삼 열셋	십사 열넷	십오 열다섯	십육 열여섯	십칠 열일곱	십팔 열여덟	십구 열아홉	이십 스물

# 개수 세기

그림을 보고 다음 개수에 알맞은 것을 찾아 개수 스티커로 나타내시오.

1 다리 놓기 퍼즐은 보기 와 같이 ⚪ 와 연결된 선의 개수를 ⚪ 안에 써넣어 완성하는 퍼즐입니다.

❶ ⚪ 안에 연결된 선의 개수를 써넣으시오.

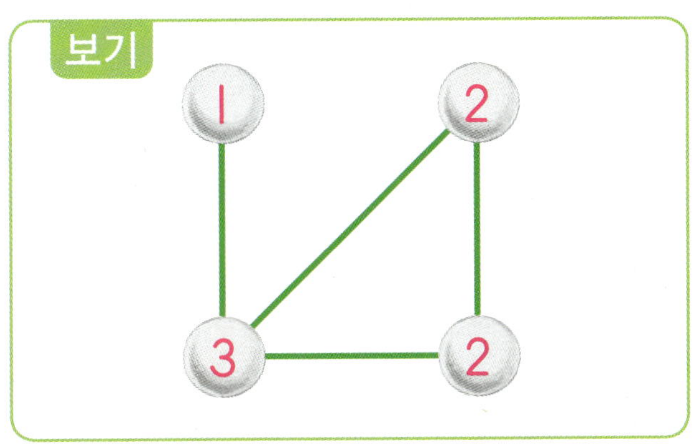

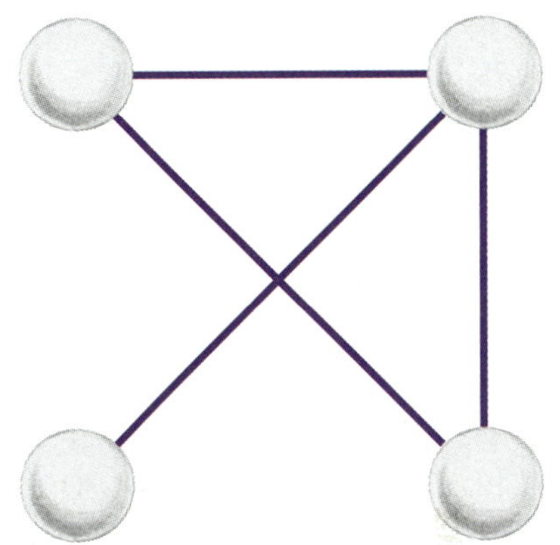

❷ ⚪ 안의 수에 맞게 선을 그어 퍼즐을 완성하시오.

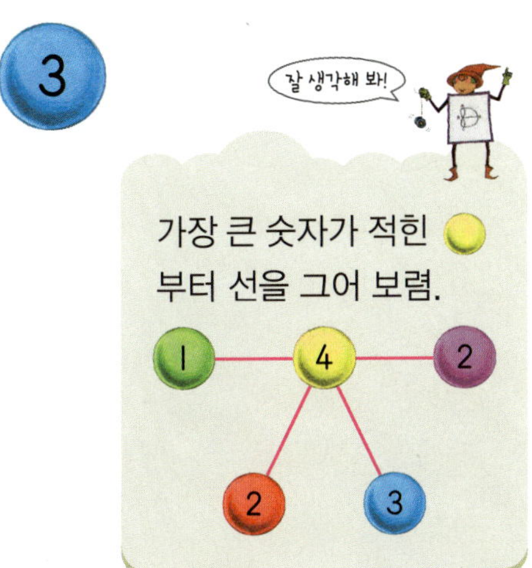

같은 수를 나타내는 것끼리 선으로 이으시오.

1 카드의 수를 바르게 읽은 요괴의 이름을 쓰시오.

2 수를 읽는 방법에 따라 2가지로 나누시오.

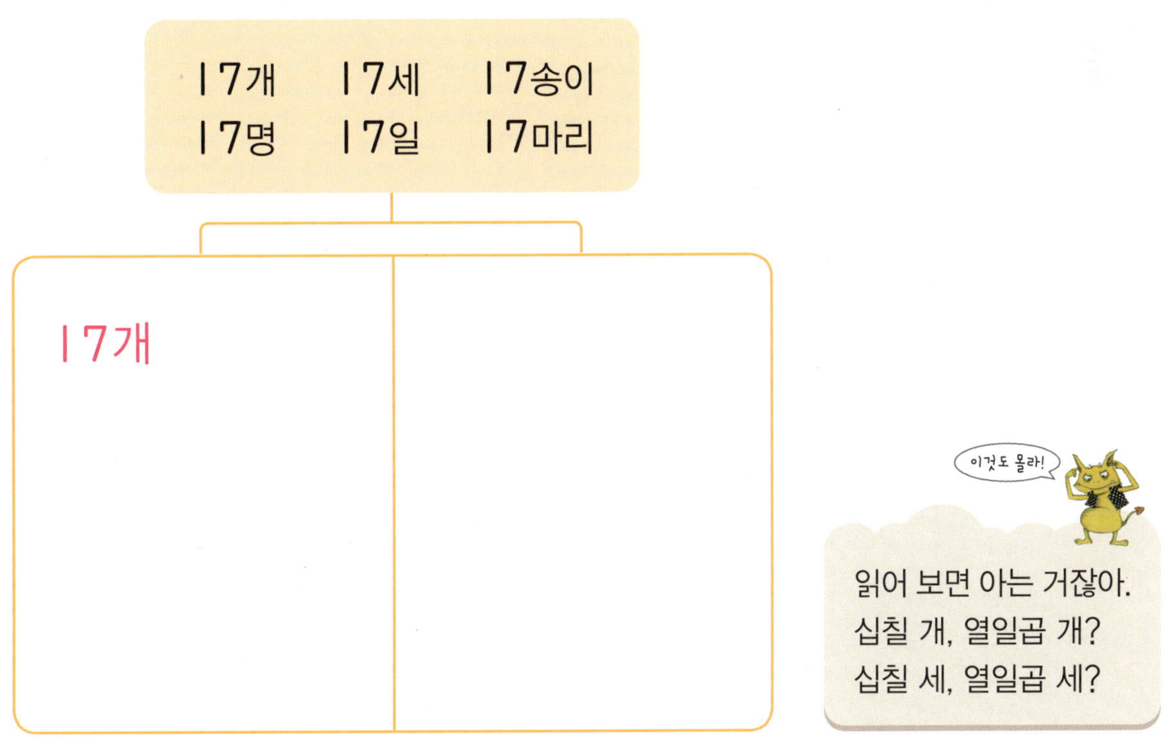

1 현우가 1부터 9까지의 숫자를 모두 한 번씩 사용하여 얼굴을 그리고 있습니다. 현우의 그림을 완성해 보시오.

2 중국 사람들이 가장 좋아하는 숫자는 '8'입니다. 중국 사람들은 중국어로 '돈을 벌다.'와 발음이 비슷한 숫자 '8'이 행운을 가져다 준다고 생각합니다.

자신이 좋아하는 수와 좋아하는 이유를 이야기해 보시오.

좋아하는 수	
좋아하는 이유	

재미있는 수 표현

 **모두 몇 마리?**

옛날 얘기에 나오는 외눈박이 거인은 동굴 안에 있는 양들이 동굴 밖으로 나올 때마다 나온 수만큼 조약돌을 동굴 밖에 놓고, 양들이 동굴에 들어가면 조약돌을 동굴 안에 놓았습니다. 동굴 밖에 있는 양은 모두 몇 마리입니까?

조약돌의 수만큼 양 스티커를 붙여 나타내시오.

준비물 양 스티커

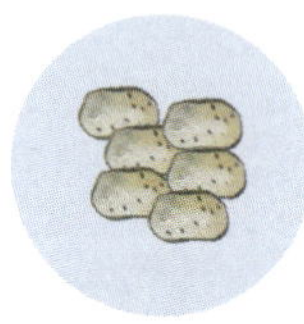

아프리카 마사이 부족의 여자들은 자신의 나이와 같은 개수만큼의 놋쇠 구슬이 달린 목걸이를 하고 다닙니다. ☐ 안에 나이를 써넣으시오.

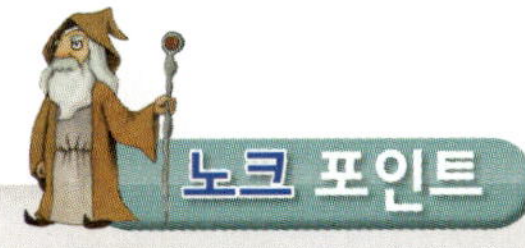

노크 포인트

원주민 사회와 같이 큰 수를 나타낼 필요가 없는 곳에서는 사물이나 신체를 이용하거나 우라펀, 오코사 또는 마이타와 같은 몇 개의 단어만을 사용하여 수를 나타내었습니다.

몸으로 수 세기

남태평양의 뉴기니섬에 살고 있는 파푸스 족은 지금도 숫자를 사용하지 않고 몸의 각 부분을 사용하여 수를 나타냅니다. 파푸스 족과 같은 방법으로 수를 나타내어 봅시다.

1 대화를 보고 파푸스 족의 수를 숫자로 나타내어 ☐ 안에 써넣으시오.

2 밑줄 친 수를 파푸스 족의 수로 나타내시오.

> 마법 학교에는 마법 지팡이가 16개 있습니다.

1 중국에서는 |부터 |0까지의 수를 다음과 같이 한 손으로 셉니다. 주어진 수를 손으로 나타내어 보시오.

준비물 손 스티커

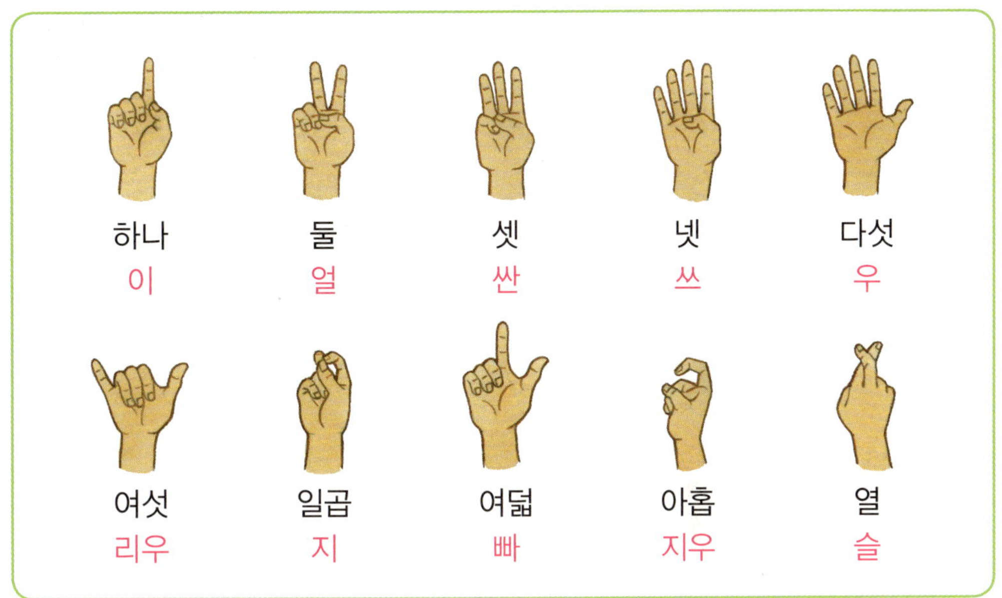

❶ |5

❷ |8

원주민들의 수 세기

호주와 뉴기니 사이에 살고 있는 어느 원주민들은 '우라펀'과 '오코사'라는 말을 사용하여 수를 나타냅니다. 다음 카멜레온의 수를 우라펀과 오코사로 나타내시오.

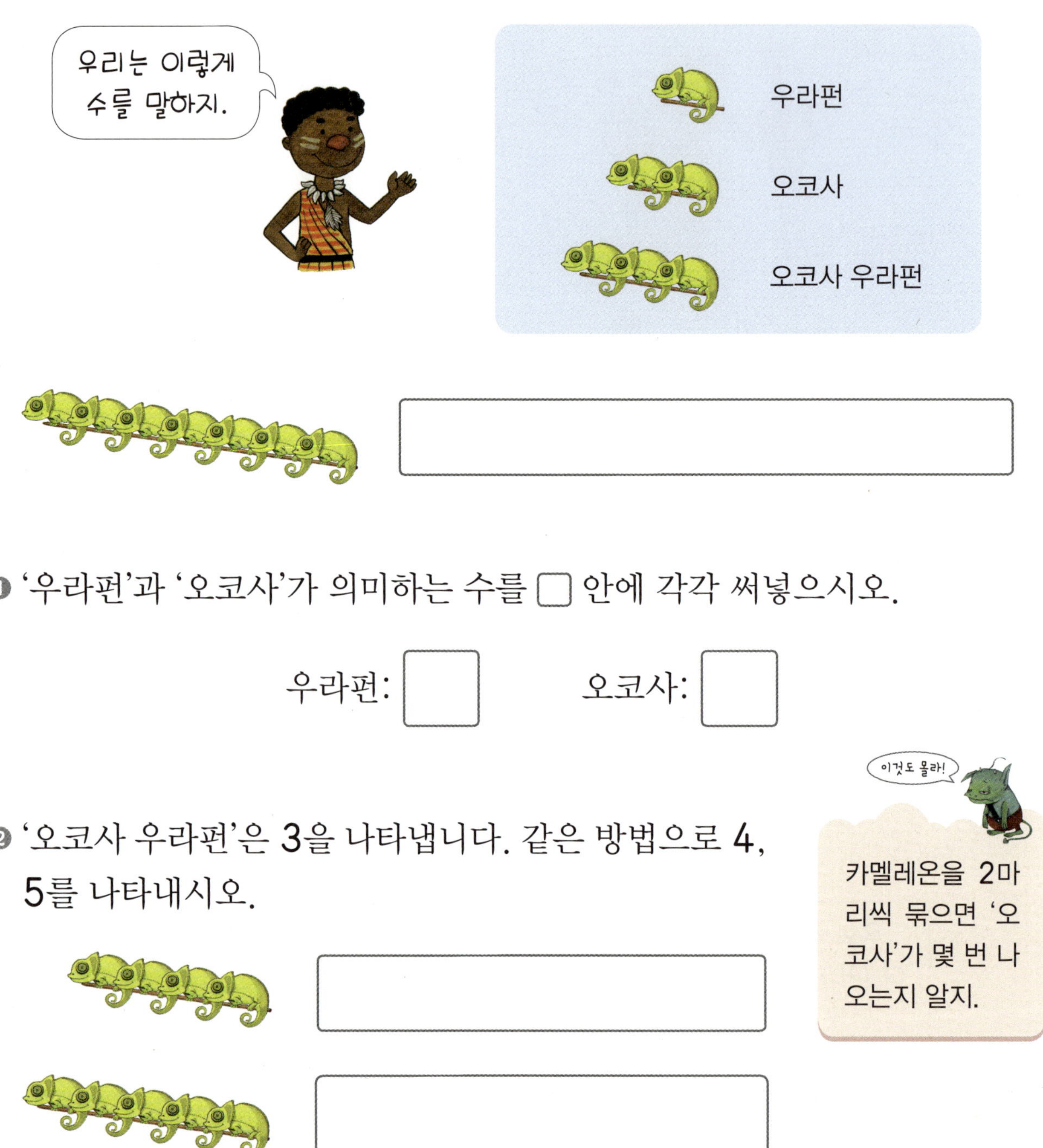

❶ '우라펀'과 '오코사'가 의미하는 수를 ☐ 안에 각각 써넣으시오.

우라펀: ☐   오코사: ☐

❷ '오코사 우라펀'은 3을 나타냅니다. 같은 방법으로 4, 5를 나타내시오.

❸ 위 카멜레온의 수를 '우라펀'과 '오코사'로 나타내시오.

1 [마이타]
남아메리카에 살고 있는 가비온 족은 '마이타'라는 말로 수를 나타냅니다. 다음 원주민이 말하는 수에 맞게 바구니 위에 오렌지 스티커를 붙이시오.

2 [1, 2, 많다]
호주에 살고 있는 왈피리 부족은 다음과 같은 세 가지 말을 사용하여 수를 나타냅니다. 태돌이의 질문에 대한 왈피리 부족의 대답을 쓰시오.

1   2   많다

영국의 유명한 소설 「로빈슨 크루소」에서 배가 침몰하여 무인도에서 살게 된 '로빈슨 크루소'는 나무에 선을 그어 날짜를 세며 구조를 기다립니다.

로빈슨 크루소가 |7일 동안 그은 막대를 보고, 막대 하나는 며칠 을 나타내는지 구하시오.

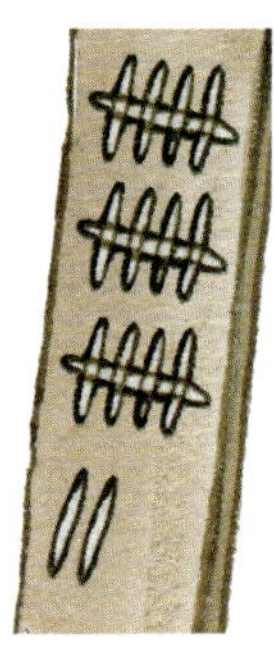

대충이 요괴는 종이에 먹은 과자의 수만큼 눈금을 긋습니다. 대충이 요괴와 같은 방법으로 장난 요괴와 잠만자 요괴가 먹은 과자의 수만큼 눈금을 그어 보시오.

노크 포인트

옛날 사람들은 오늘날의 숫자와는 다른 형태로 수를 나타내었습니다. 다음은 모두 5를 나타낸 것입니다.

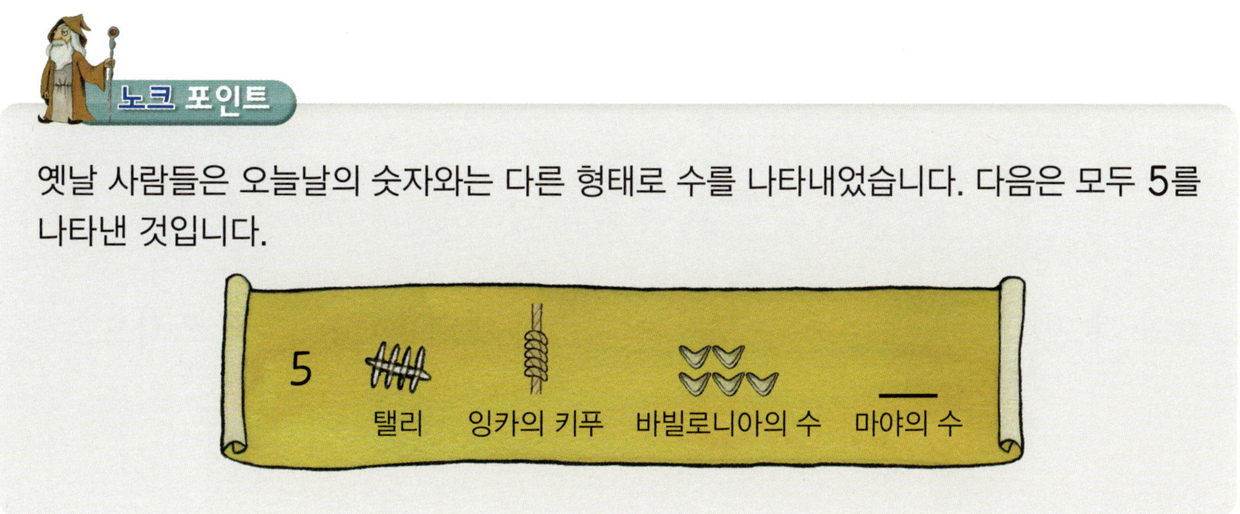

수 세기 도구

'주판'은 알을 움직여서 수를 나타내고 계산을 하는 도구입니다. 주판으로 수를 나타내는 규칙을 찾고 다음 주판이 나타내는 수를 쓰시오.

❶ 주판의 각 알이 나타내는 수를 다음 ☐ 안에 써넣으시오.

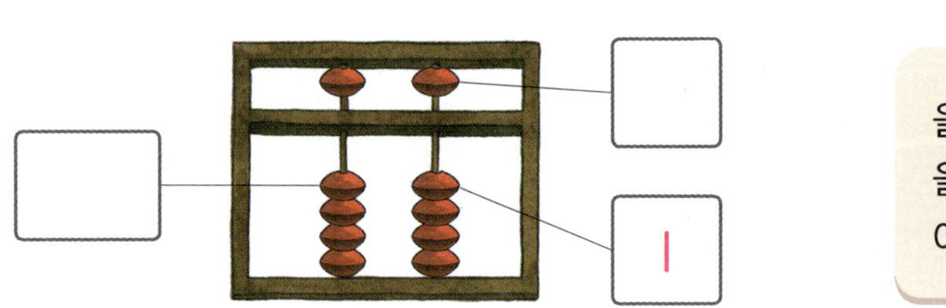

❷ ❶의 각 알이 나타내는 수를 생각하여 주판이 나타내는 수를 쓰시오.

1

옛날 잉카 사람들은 매듭을 지어 수를 나타냈습니다. 그림을 보고 ☐ 안에 알맞은 수를 쓰고, 그 수를 잉카 사람들의 방법으로 나타내시오.

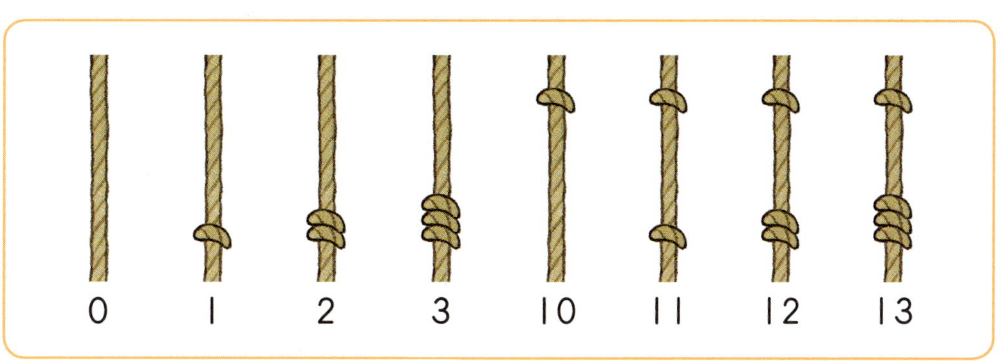

❶ 사람 ☐ 명

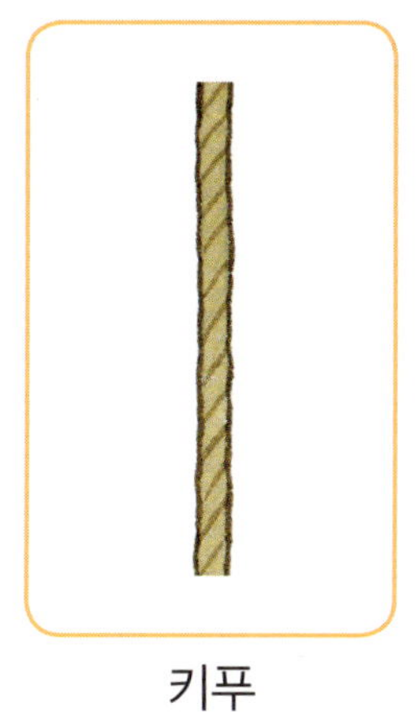

키푸

❷ 퍼즐 조각 ☐ 개

키푸

옛날 여러 나라의 수

옛날 바빌로니아에서는 점토판에 갈대끝으로 다음과 같은 모양을 눌러 써서 수를 나타내었습니다. 규칙을 찾아 다음 수를 바빌로니아 수로 나타내시오.

7 →

14 →

❶ 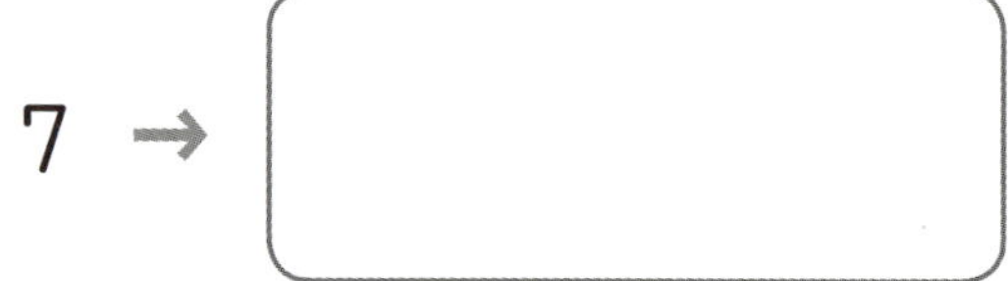 모양이 나타내는 수를 □ 안에 써넣으시오.

❷ 오른쪽 그림을 보고  모양이 나타내는 수를 □ 안에 써넣으시오.

❸ 7, 14를 바빌로니아 수로 나타내시오.

1 옛날 마야 사람들은 다음과 같이 수를 나타내었습니다. 밑줄 친 수와 관계 있는 마야 수를 선으로 이으시오.

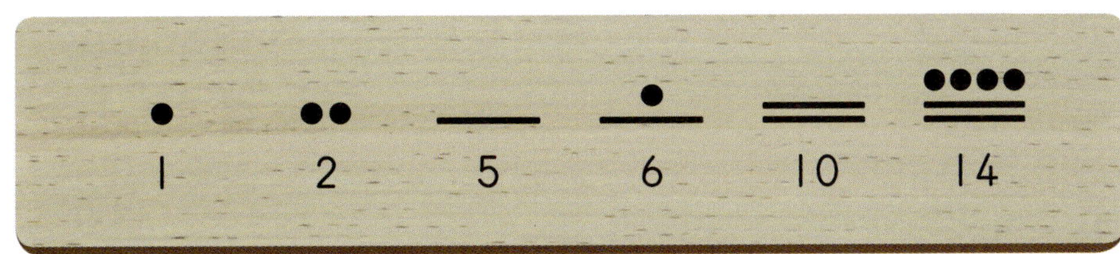

다양하게 나타낸 수

잘난척 요괴가 다음과 같이 10개의 전구를 사용하여 수를 나타냅니다.

주어진 수를 잘난척 요괴와 같은 방법으로 나타내시오.

잘난척 요괴가 전구 대신 ◯를 그려 수를 나타내었습니다. 나타내는 수를
☐ 안에 써넣으시오.

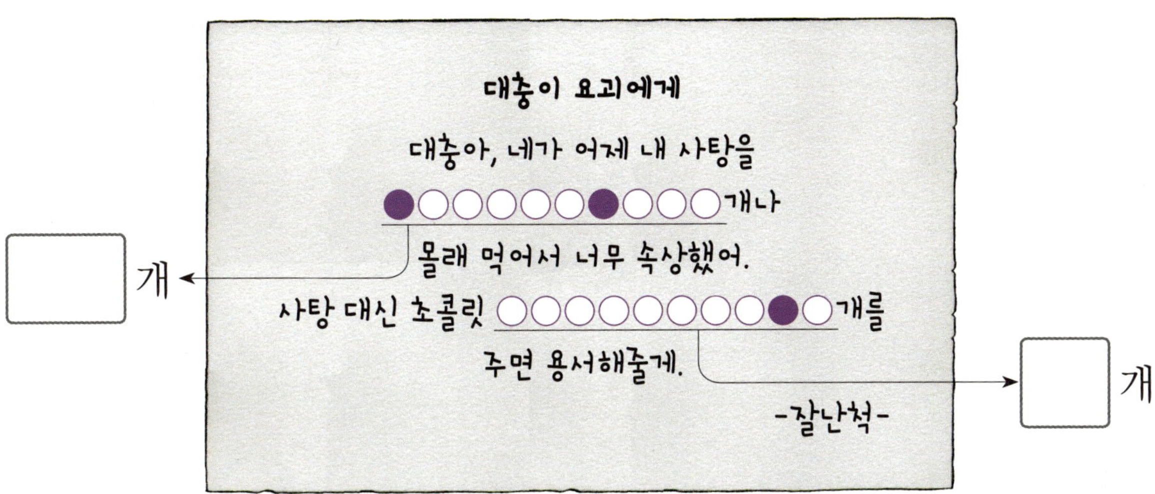

☐ 개

☐ 개

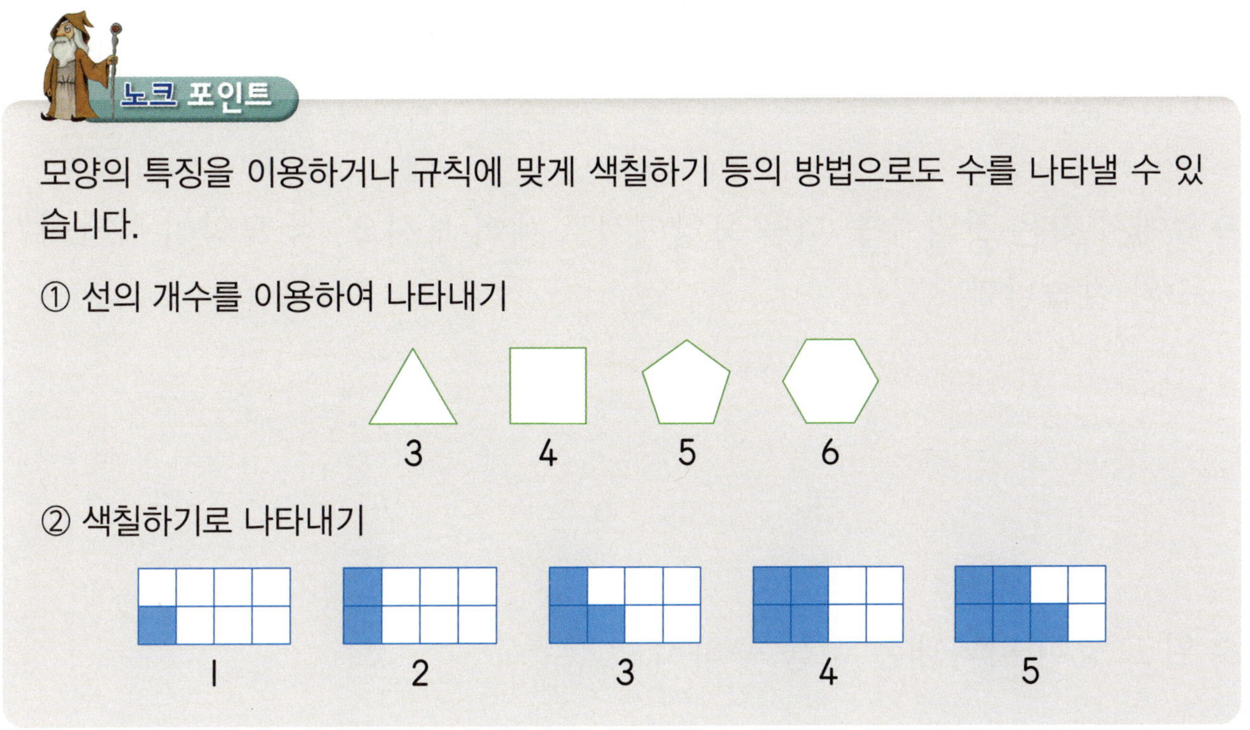

노크 포인트

모양의 특징을 이용하거나 규칙에 맞게 색칠하기 등의 방법으로도 수를 나타낼 수 있
습니다.

① 선의 개수를 이용하여 나타내기

② 색칠하기로 나타내기

# 도형이 나타낸 수

각 모양은 각각의 수를 나타냅니다. 다음 모양이 나타내는 수를 ☐ 안에 써넣으시오.

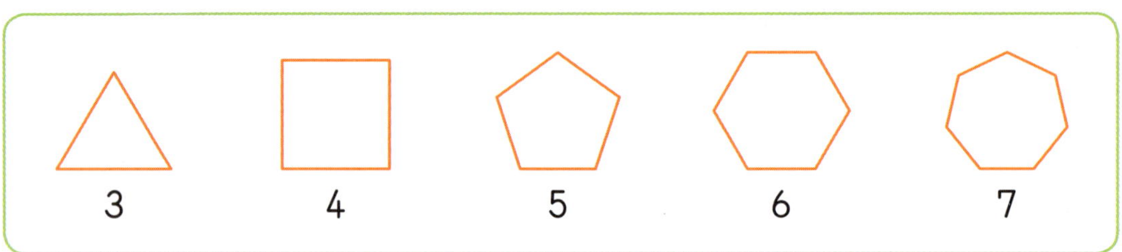

❶ △ 모양에서는 **3**개이고, ☐ 모양에서는 **4**개인 것을 찾아 보시오.

❷ ❶에서 찾은 것의 수를 다음 모양에서도 세어 보시오. 각 모양이 나타내는 수와 같습니까?

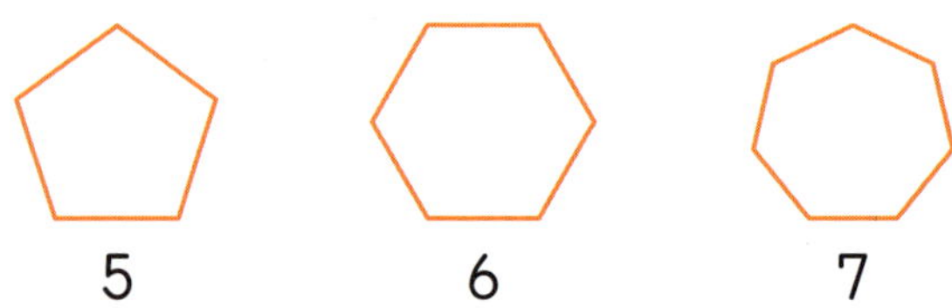

❸ 위 모양이 나타내는 수를 구하시오.

1 다음은 선을 3개 그어 0부터 3까지의 수를 나타낸 것입니다. 이와 같은 방법으로 선 4개를 그어 1부터 4까지의 수를 나타내시오.

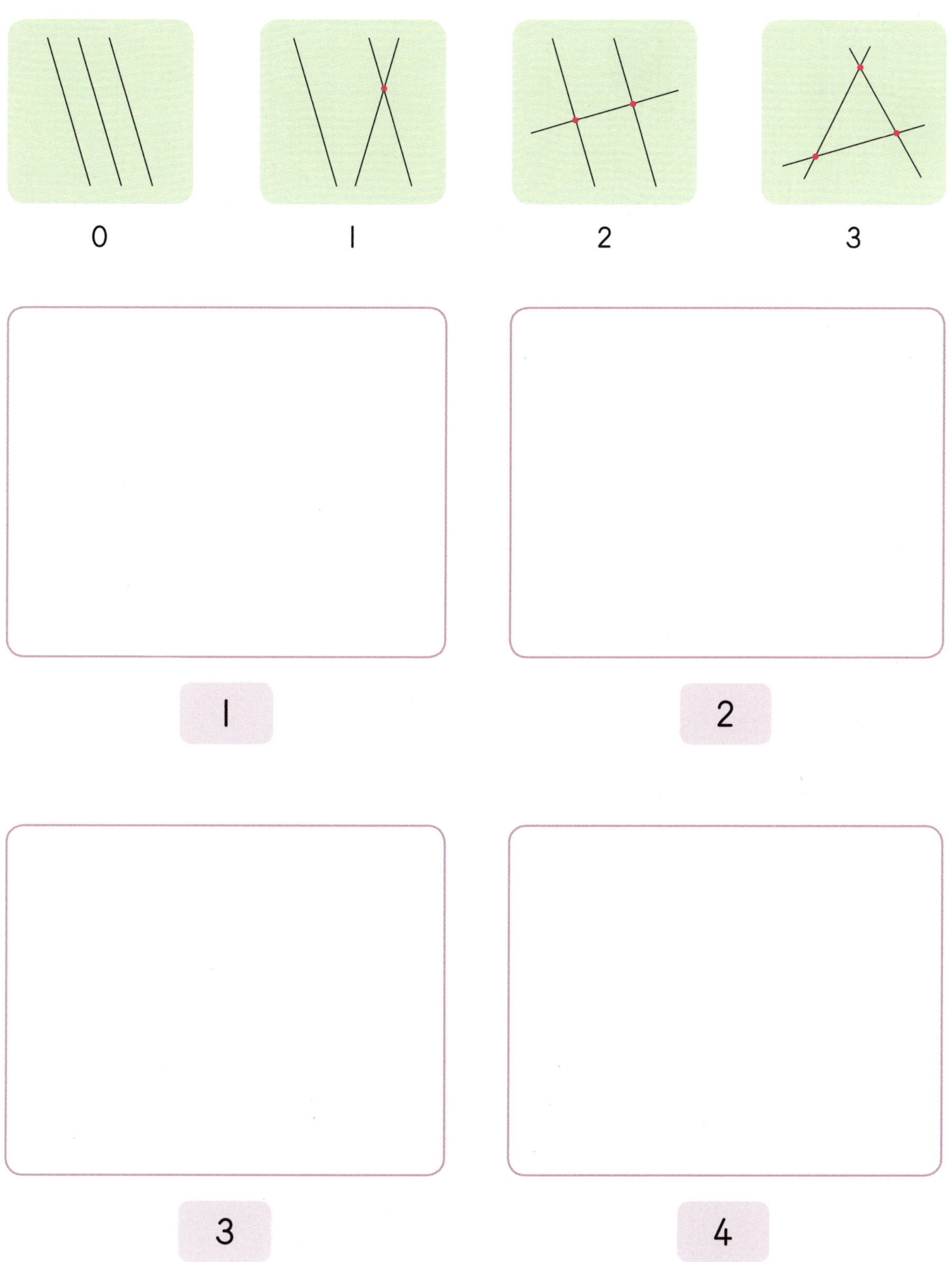

 ## 색칠하여 나타낸 수

일정한 규칙에 따라 색칠한 칸은 각기 다른 수를 나타냅니다.

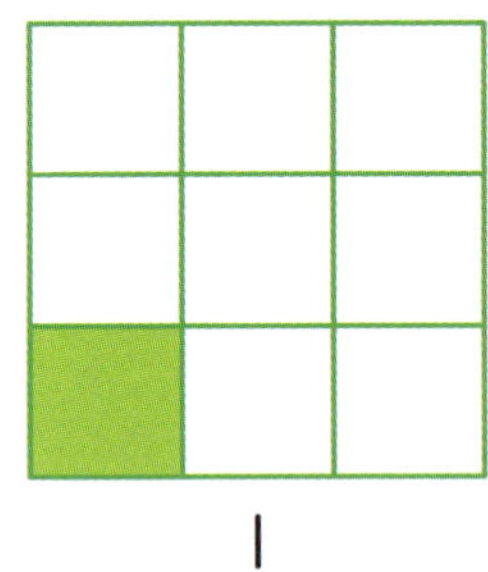

1

2

4

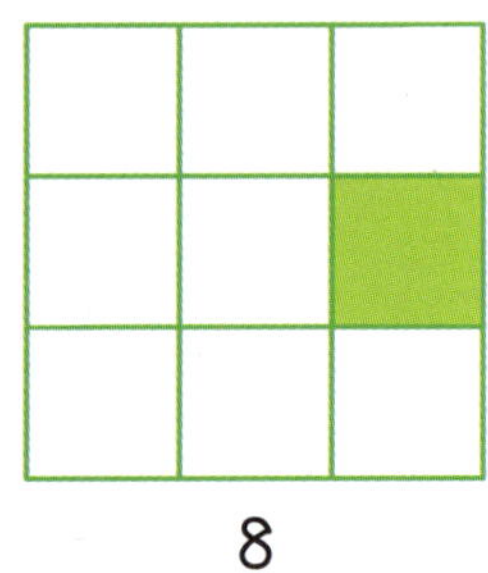

8

❶ 각 칸이 나타내는 수를 빈칸에 써넣으시오.

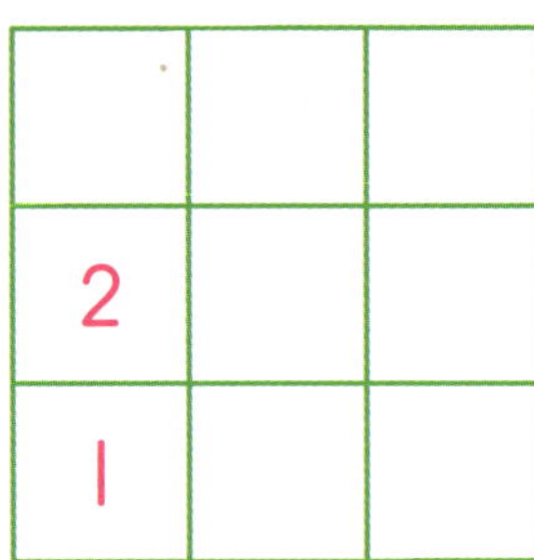

❷ 주어진 수를 색칠하여 나타내시오.

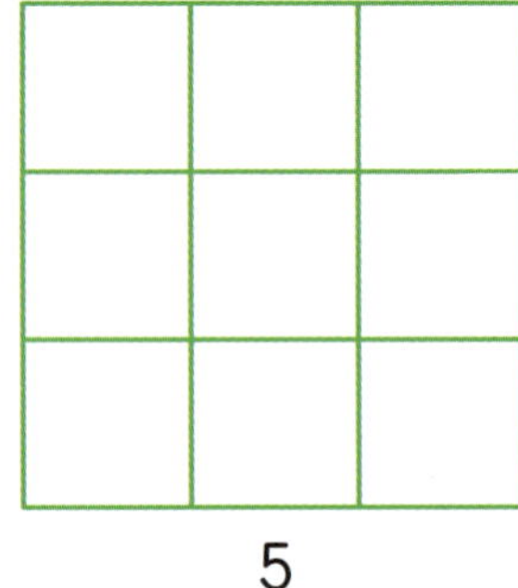

5

6

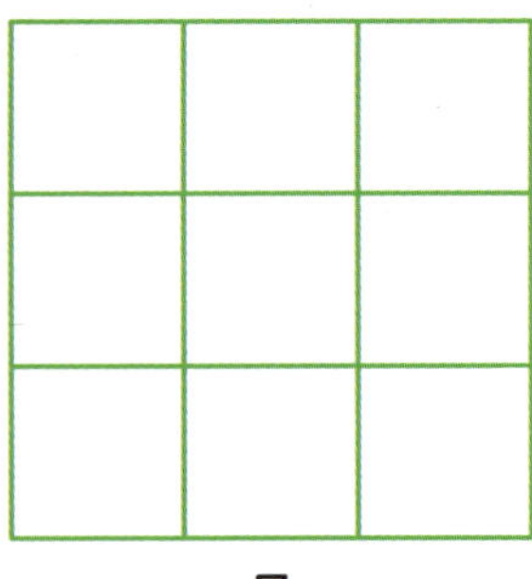

7

1 다음과 같이 색칠하여 수를 나타냅니다. 다음 그림이 나타내는 수를 ☐ 안
에 써넣으시오.

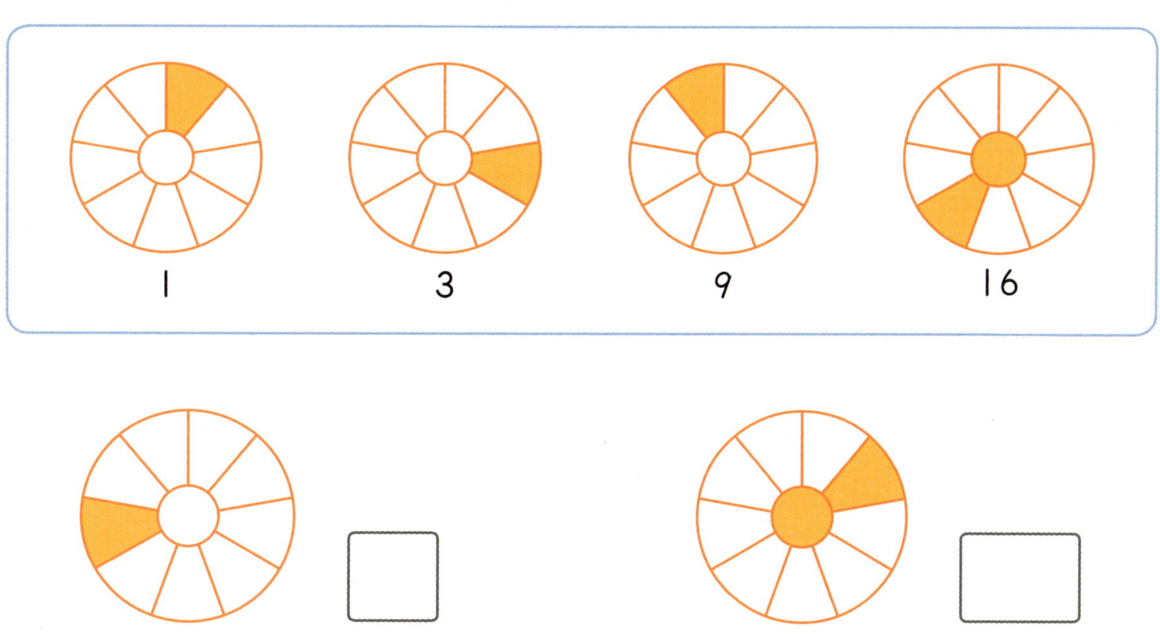

2 다음과 같이 색칠하여 수를 나타냅니다. 규칙을 찾아 주어진 수를 나타내
시오.

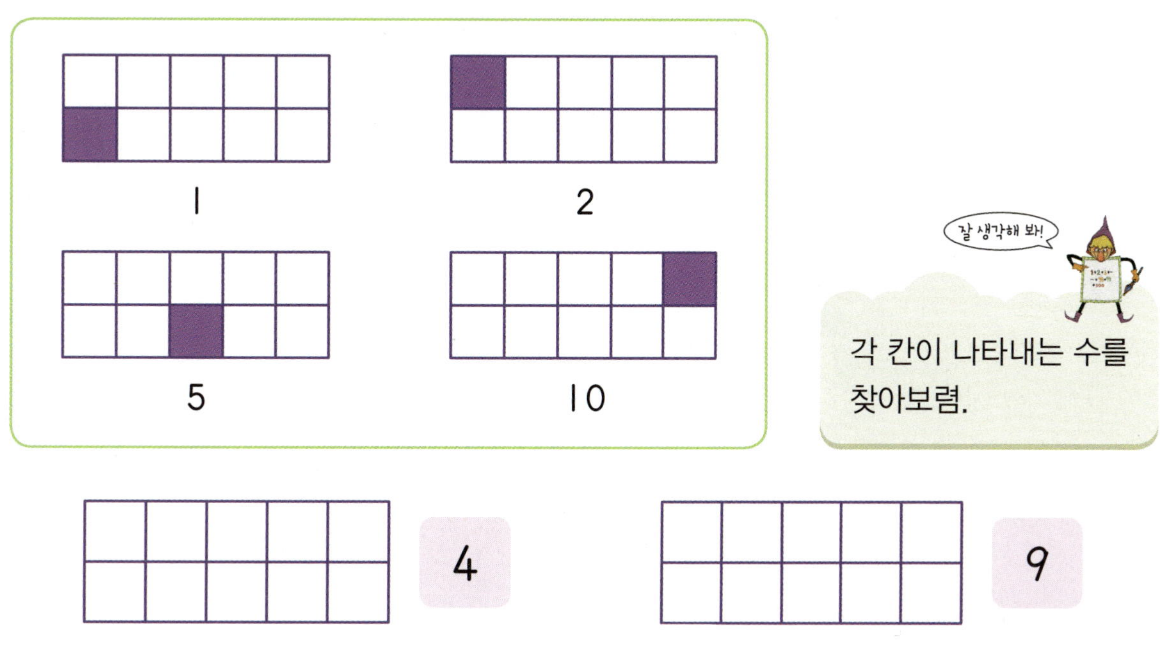

창의적 문제해결력

1 규칙에 맞게 ○표 하여 수를 나타내시오.

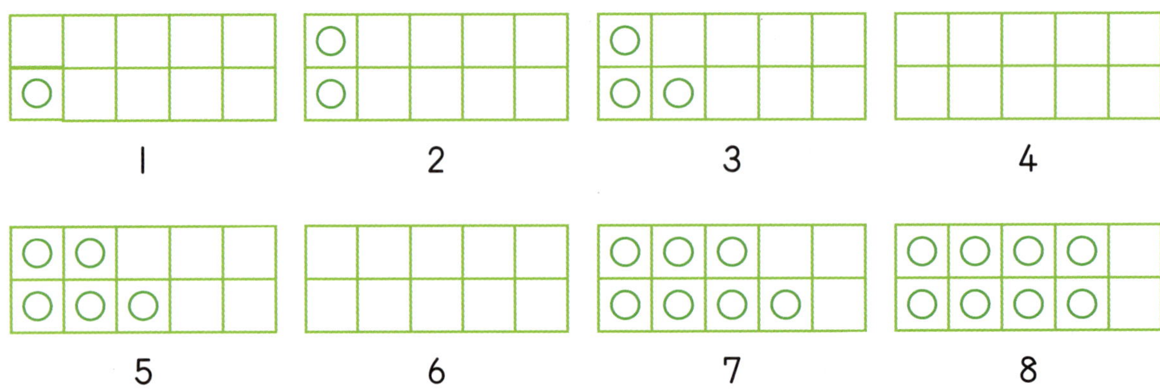

1 2 3 4

5 6 7 8

2 큐리는 수를 나타내는 말을 만들었습니다. 큐리와 같이 수 1, 2를 나타내는 말을 만들고, 그 말을 이용하여 3을 나타내어 보시오.

내가 만든 수

1 ________________

2 ________________

3 ________________

3 꼬마 요괴들이 1부터 9까지의 수를 여러 가지 방법으로 나타내었습니다.
9개의 수를 모두 쓴 요괴의 이름을 쓰시오.

3

수의 순서와 뛰어 세기

티나, 큐리, 태돌, 현우가 1부터 20까지의 수가 차례로 쓰인 곳에 각자 조약돌을 던지고, 자신이 던진 조약돌이 있는 칸에 서 있습니다.

수의 순서에 따라 선을 연결하여 꼬마 요괴를 완성하시오.

노크 포인트

수를 순서대로 표에 넣은 것을 수 배열표라고 합니다.

1	2	3	4	5	6	7	8	9	10
11	12	13	14	15	16	17	18	19	20

다람쥐가 모든 칸을 한 번씩 지나서 도토리가 있는 곳까지 갈 수 있도록 보기 와 같이 6부터 10까지의 수를 순서대로 연결하시오. (단, 가로 또는 세로 방향으로만 선을 이을 수 있습니다.)

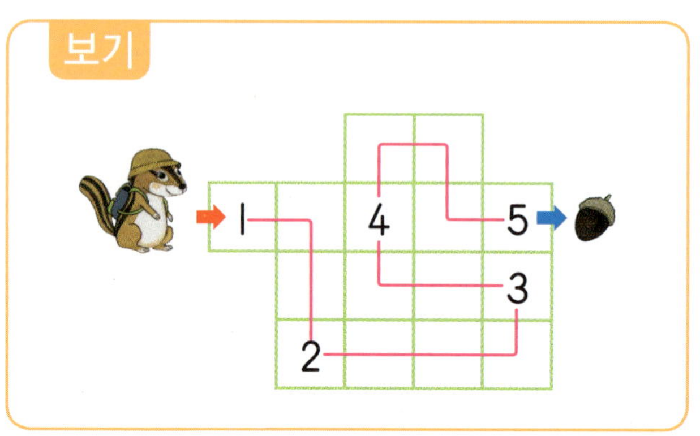

❶
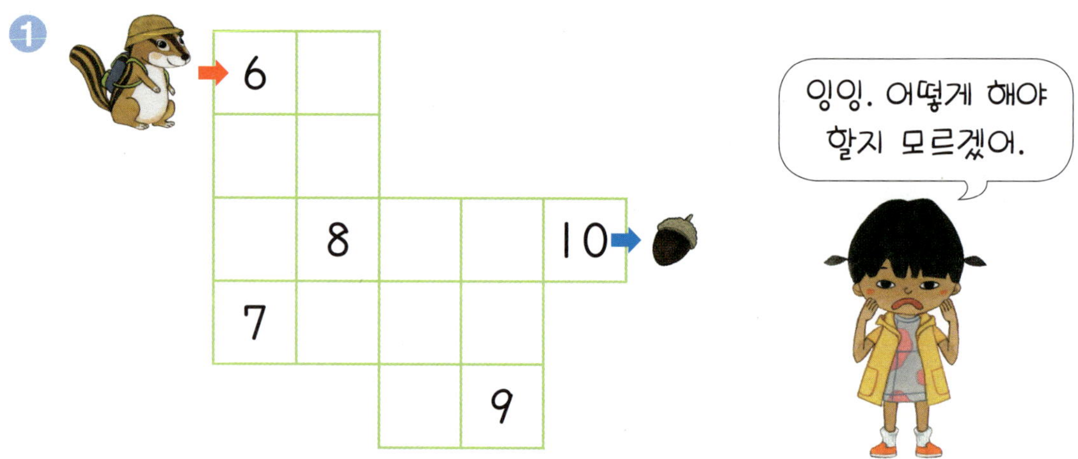

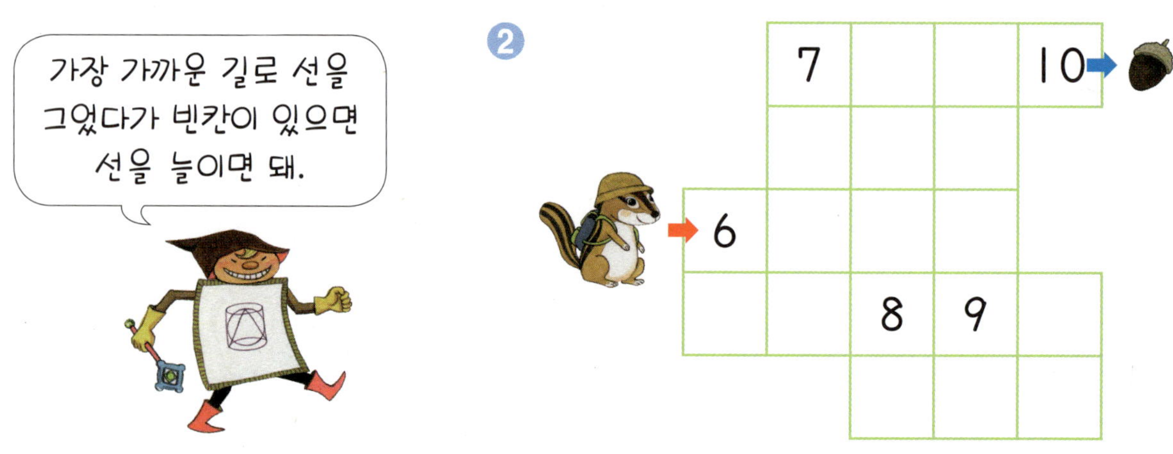

1 장난 요괴가 수의 순서대로 놓여진 카드 중 두 장을 서로 바꾸어 놓았습니다. 장난 요괴가 옮긴 카드를 모두 찾아 ◯표 하시오.

[병원 진료]

2 병원에 간 꼬마 요괴들이 번호표를 뽑았습니다. 번호표를 보고 가장 먼저 치료받는 요괴와 가장 늦게 치료받는 요괴의 이름을 차례로 쓰시오.

수의 배열

다음과 같은 수 배열표가 여러 조각으로 나뉘어져 있습니다. 조각을 모두 이어 붙여 완전한 수 배열표를 만드시오.

1

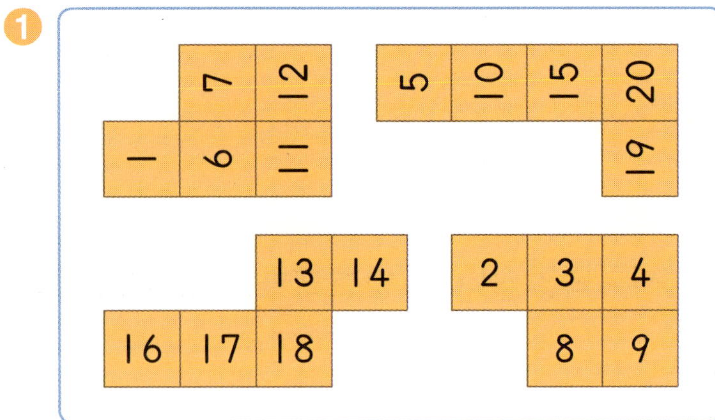

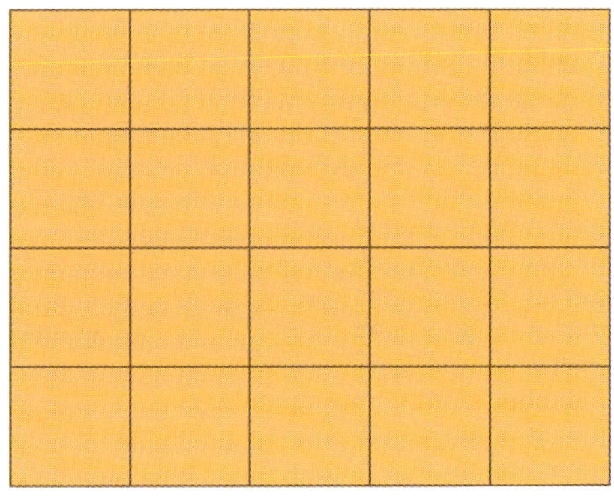

2

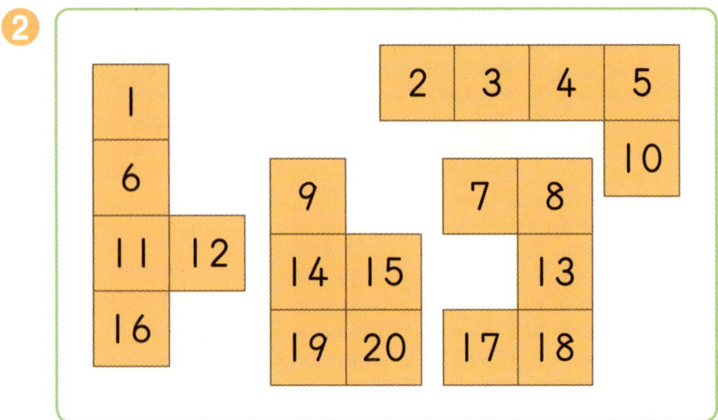

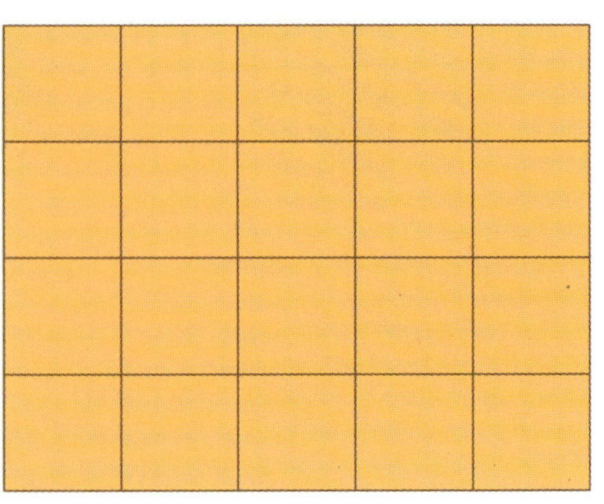

1 규칙을 찾아 수 배열표의 빈칸에 알맞은 수를 써넣으시오.

1	8	9	16	17
2	7	10		18
3		11	14	19
4	5	12	13	

2 벌집 모양의 수 배열표에 규칙에 따라 수를 넣었습니다. ★이 나타내는 수를 쓰시오.

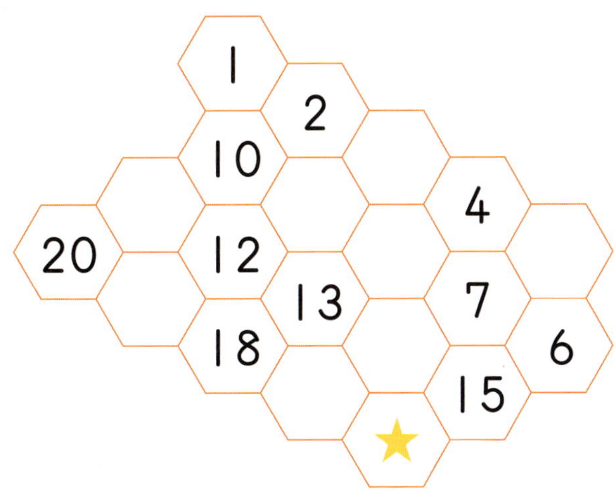

8 세 가지 수

대마법사 멀린과 태돌이가 운동회에서 찍은 사진을 보고 있습니다.

멀린

태돌

위 사진을 보고 다음 ☐ 안에 알맞은 수를 써넣으시오.

사진에 있는 사람은 모두 ☐ 명입니다.

태돌이의 참가 번호는 ☐ 번입니다.

티나는 왼쪽에서 ☐ 번째에 있습니다.

정답 및 해설

PA1
(7~8세)

수

수, 숫자

① 숫자를 찾아라!

그림에서 1부터 9까지의 숫자를 모두 찾아보시오.

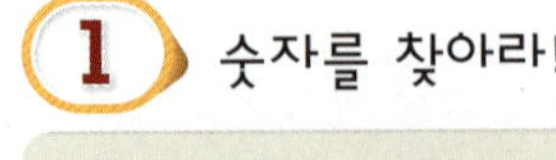

🟢 산만해 요괴가 대마왕의 숫자 접시를 깨뜨리고 말았습니다. 짝이 되는 접시를 선으로 잇고, 깨진 접시의 숫자를 모두 쓰시오.

준비물 숫자 접시

1, 4, 8, 9

메모 포인트

·	··	···	::	::·	:::	:::·	::::	::::·
1	2	3	4	5	6	7	8	9
일	이	삼	사	오	육	칠	팔	구

👾 어떻게 생겼나?

태돌, 티나, 큐리가 '숫자 노래'를 부르고 있습니다. 아이들이 부르는 노래를 보고 ☐ 안에 알맞은 숫자를 써넣으시오.

[숫자 만들기]

1 막대를 사용하여 한입 요괴와 다른 모양의 숫자 3을 만들어 보시오.

준비물 막대 붙임 딱지

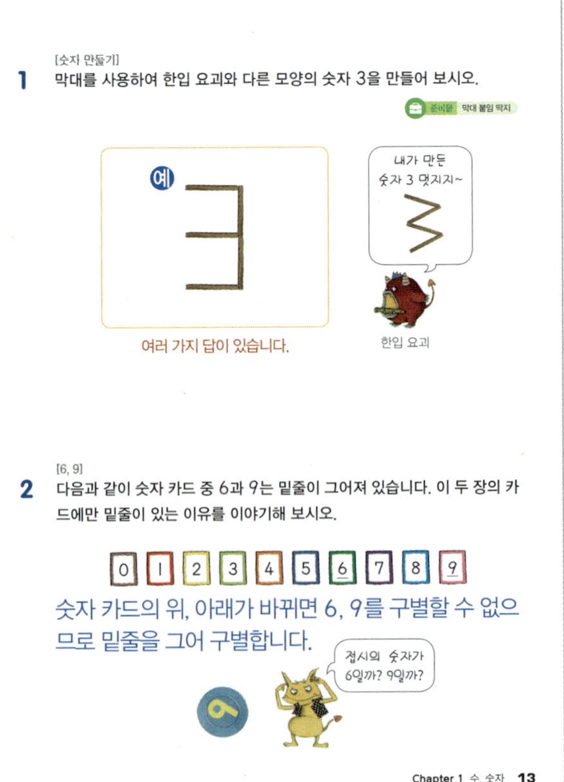

[6, 9]

2 다음과 같이 숫자 카드 중 6과 9는 밑줄이 그어져 있습니다. 이 두 장의 카드에만 밑줄이 있는 이유를 이야기해 보시오.

0 1 2 3 4 5 6 7 8 9

숫자 카드의 위, 아래가 바뀌면 6, 9를 구별할 수 없으므로 밑줄을 그어 구별합니다.

🐢 누가 누가 닮았나?

두 수학 요정이 숫자의 모양을 보고 일정한 기준에 따라 다음과 같이 나누어 가졌습니다. 숫자 8은 두 요정 중 누가 가지게 되는지 구하시오.

❶ 가우스 요정이 가진 숫자들의 공통점을 찾아 보시오. **곡선이 있는 숫자입니다.**

곡선이라는 표현 없이 둥근 선, 굽은 선 등의 표현으로 나타내었더라도 의미가 옳으면 정답으로 봅니다.

❷ 페르마 요정이 가진 숫자들의 공통점을 찾아 보시오. **곡선이 없이 직선만 있는 숫자입니다.**

직선이라는 표현 없이 똑바른 선 등의 표현으로 나타내었더라도 의미가 옳으면 정답으로 봅니다.

❸ 숫자 8의 모양을 보고 두 요정 중 누가 가지게 되는지 쓰시오. **가우스 요정**

숫자 8은 곡선이 있는 숫자이므로 가우스 요정이 가집니다. **8**

[모양과 개수]

1 다음을 보고 티나의 물음에 올바른 답을 하시오. **3**

$$4865 \rightarrow 3$$
$$2194 \rightarrow 1$$
$$1375 \rightarrow 0$$
$$6889 \rightarrow 6$$

숫자에서 찾을 수 있는 'O'의 개수를 나타냅니다.
4865: 8에 2개, 6에 1개 있으므로 3입니다.
2194: 9에 1개 있으므로 1입니다.
8937: 8에 2개, 9에 1개 있으므로 3입니다.

[숫자 나누기]

2 0부터 9까지의 수를 자신만의 기준을 정하고, 나누어 보시오.

기준	**예** ○가 있는 숫자
0, 6, 8, 9	1, 2, 3, 4, 5, 7

---

② 어떤 숫자일까?

딴소리, 뛰어, 잠만자 요괴가 점들 사이에 숨어 있는 숫자를 찾고 있습니다.

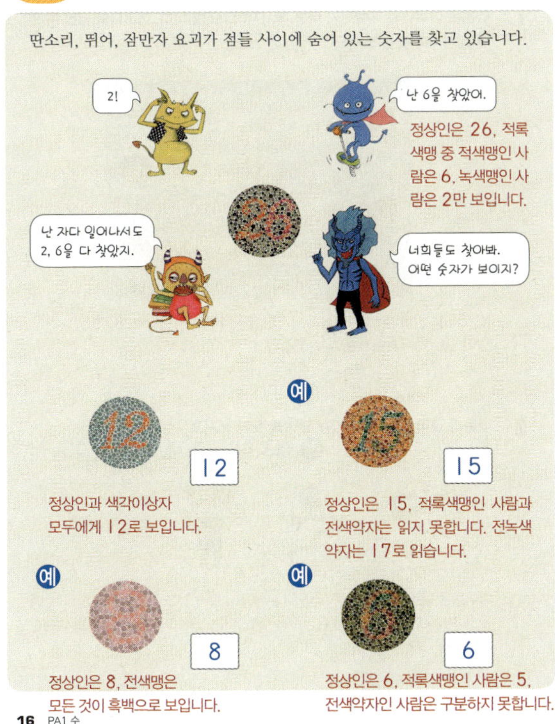

🔵 대화를 보고 □ 안에 알맞은 수를 써넣으시오.

4 명   **예** **7** 살

아이의 나이에 맞게 큐리의 나이를 적을 수 있도록 합니다.

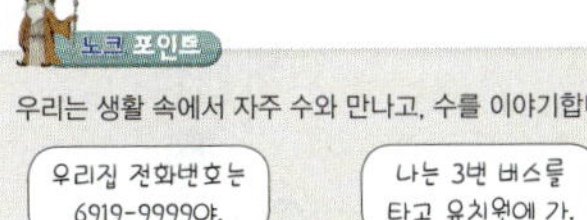

정답 및 해설 3

문장 완성

현우와 티나는 낙타를 보고 다음과 같이 문장을 만들었습니다. 그림을 보고 알맞은 수를 넣어 문장을 완성하시오.

케이크
케이크에 초가 3 개 꽂혀 있습니다.

잠자리
잠자리 날개는 4 개입니다.

문어
문어 다리는 8 개입니다.

무지개
무지개의 색깔은 모두 7 개입니다.

[일기]

1 다음 사진을 보고 숫자를 사용하여 울보 요괴의 일기를 완성하시오.

숨어 있는 수

이삿짐 회사 전화번호의 공통점을 알아보고, 같은 방법으로 여러 가지 전화번호를 만들어 보시오.

❶ 위의 전화번호를 보고 '이사'와 관련된 트럭인 것을 알 수 있는 이유는 무엇인지 쓰시오.

24를 '이사'로 읽기 때문입니다.

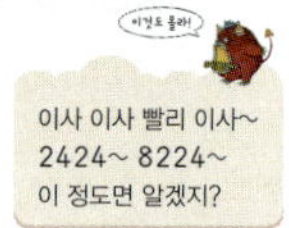

❷ ❶과 같이 숫자를 읽었을 때 나는 소리를 잘 생각하여 다음 가게의 전화번호를 만들어 보시오. 예시 답안과 같지 않더라도 아이가 소리에 의미를 부여하여 전화번호를 만든 경우 정답으로 합니다.

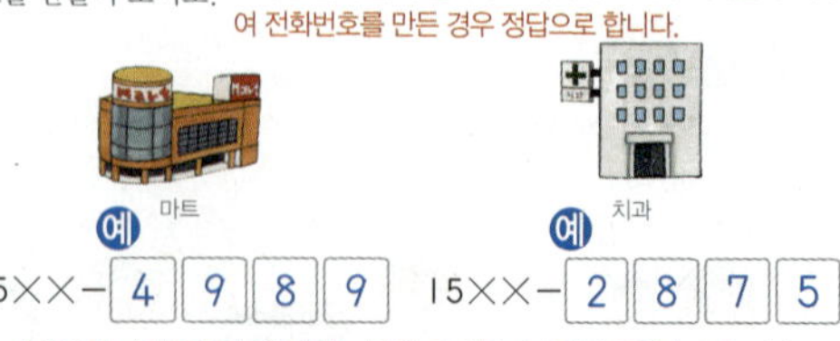

15XX - 4 9 8 9   15XX - 2 8 7 5

4989는 '사구팔구', 2875는 '이빨 치료'와 유사하게 들릴 수 있습니다.

[카톡 카톡]

1 다음은 어머니와 태돌이가 나눈 메시지의 내용입니다. 어머니가 남긴 두 번째 메시지의 뜻을 쓰시오. 빨리 오오

8255를 읽을 때 나는 발음과 유사한 문장을 생각해 봅니다. 8255는 '빨리 오오'와 유사하게 들릴 수 있습니다.

[숨어 있는 수]

2 다음과 같이 수가 숨어 있는 단어를 찾아 쓰시오.

예 삼지창, 오미자, 삼각대, 이층집

아이들은 아직 수의 의미를 지닌 것과 발음이 같은 것을 구분하지 못합니다. 예를 들어 이사와 이층집에서 앞의 '이'는 떠난다는 뜻이고 뒤의 '이'는 2를 의미한다는 것을 설명해 줍니다.

---

③ 몇?

다음 요괴 카드 중 멍하니 요괴가 있는 카드는 모두 몇 장인지 세어 보시오.

0장

각 상자에 담긴 코끼리 젤리의 수를 □ 안에 써넣으시오.

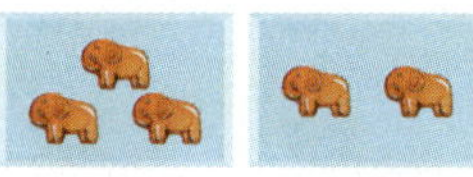

3   2   1   0

ㅣ5원이 들어있는 지갑을 모두 찾아 ○표 하시오.

11원   15원

9원

15원   15원

동전을 사용하여 ㅣ5원을 만드는 방법은 6가지입니다.

① ⑩①①①①①①①①①①①①①①①
② ⑩①①①①①
③ ⑤①①①①①①①①①①
④ ⑩⑤
⑤ ⑤⑤①①①①①
⑥ ⑤⑤⑤

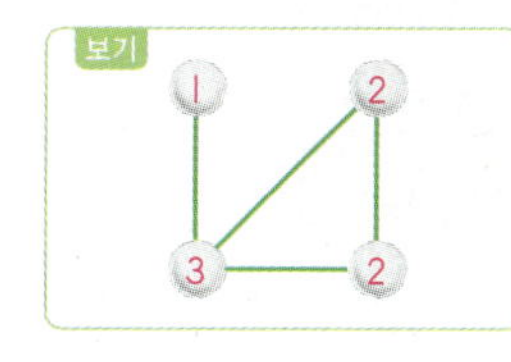
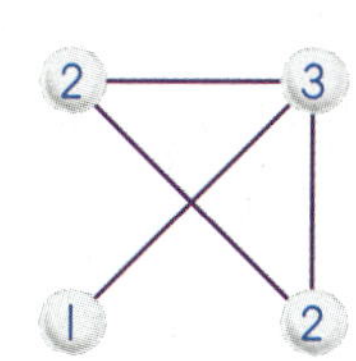

노크 포인트

수를 읽는 방법에는 2가지가 있습니다.

1	2	3	4	5	6	7	8	9	10
일 하나	이 둘	삼 셋	사 넷	오 다섯	육 여섯	칠 일곱	팔 여덟	구 아홉	십 열
11	12	13	14	15	16	17	18	19	20
십일 열하나	십이 열둘	십삼 열셋	십사 열넷	십오 열다섯	십육 열여섯	십칠 열일곱	십팔 열여덟	십구 열아홉	이십 스물

🪖 개수 세기

그림을 보고 다음 개수에 알맞은 것을 찾아 개수 스티커로 나타내시오.

공부물 개수 스티커

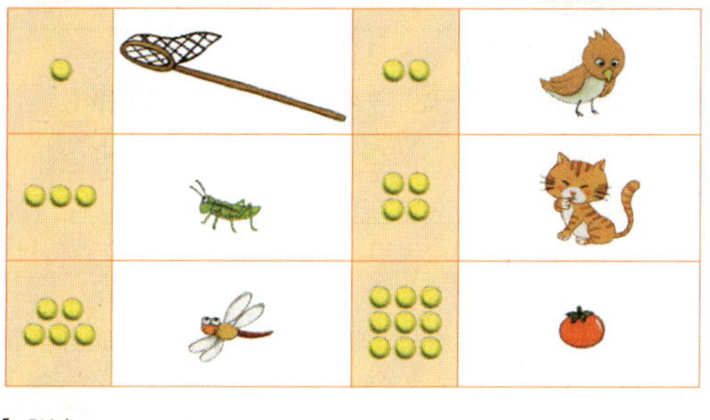

[다리 놓기 퍼즐]

1 다리 놓기 퍼즐은 보기 와 같이 ◯와 연결된 선의 개수를 ◯ 안에 써넣어 완성하는 퍼즐입니다.

❶ ◯ 안에 연결된 선의 개수를 써넣으시오.

보기

❷ ◯ 안의 수에 맞게 선을 그어 퍼즐을 완성하시오.

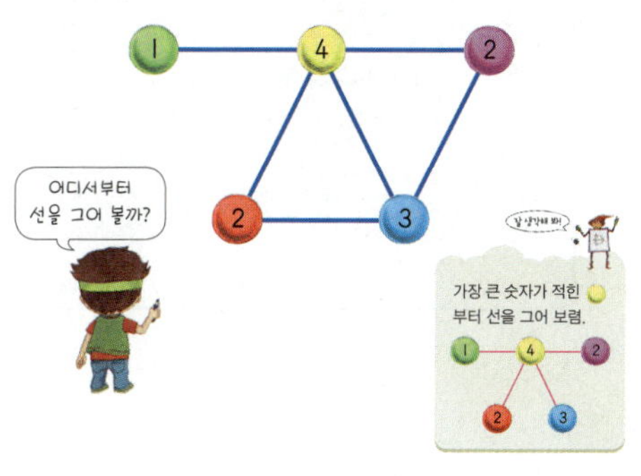

정답 및 해설 **5**

수 읽기

같은 수를 나타내는 것끼리 선으로 이으시오.

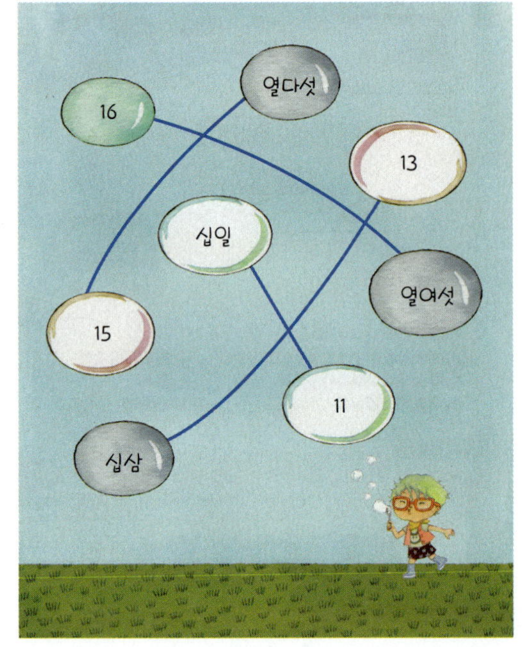

1 [바르게 읽기] 카드의 수를 바르게 읽은 요괴의 이름을 쓰시오.　한입 요괴

14

2 [어떻게 읽을까?] 수를 읽는 방법에 따라 2가지로 나누시오.

| 17개 | 17세 | 17송이 |
| 17명 | 17일 | 17마리 |

17개	
17송이, 17명, 17마리	17세, 17일

읽어 보면 아는 거잖아.
십칠 개, 열일곱 개?
십칠 세, 열일곱 세?

창의적 문제해결력

1 현우가 1부터 9까지의 숫자를 모두 한 번씩 사용하여 얼굴을 그리고 있습니다. 현우의 그림을 완성해 보시오.

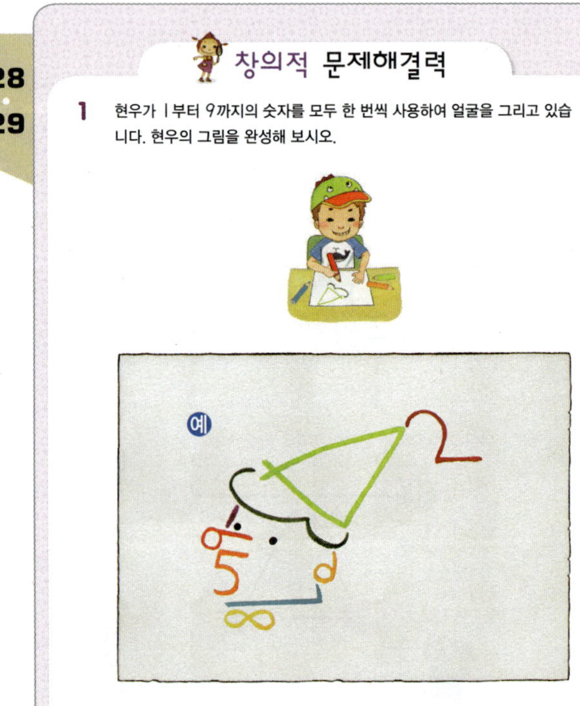

♀ 동영상 특강
QR 코드를 찍어 보세요!

2 중국 사람들이 가장 좋아하는 숫자는 '8'입니다. 중국 사람들은 중국어로 '돈을 벌다.'와 발음이 비슷한 숫자 '8'이 행운을 가져다 준다고 생각합니다.

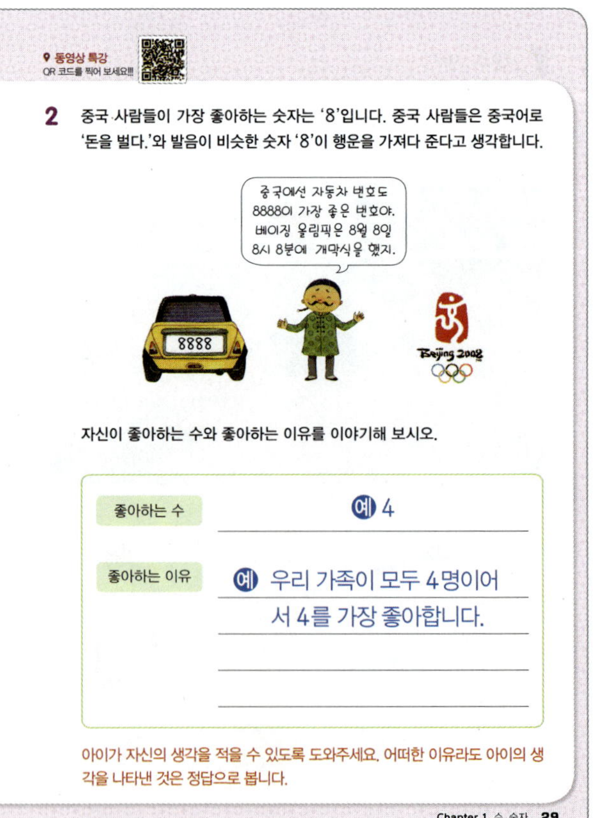

자신이 좋아하는 수와 좋아하는 이유를 이야기해 보시오.

좋아하는 수	예 4
좋아하는 이유	예 우리 가족이 모두 4명이어서 4를 가장 좋아합니다.

아이가 자신의 생각을 적을 수 있도록 도와주세요. 어떠한 이유라도 아이의 생각을 나타낸 것은 정답으로 봅니다.

④ 모두 몇 마리?

옛날 애기에 나오는 외눈박이 거인은 동굴 안에 있는 양들이 동굴 밖으로 나올 때마다 나온 수만큼 조약돌을 동굴 밖에 놓고, 양들이 동굴에 들어가면 조약돌을 동굴 안에 놓았습니다. 동굴 밖에 있는 양은 모두 몇 마리입니까?

3마리

조약돌의 수만큼 양 스티커를 붙여 나타내시오.

준비물 양 스티커

아프리카 마사이 부족의 여자들은 자신의 나이와 같은 개수만큼의 놋쇠 구슬이 달린 목걸이를 하고 다닙니다. ☐ 안에 나이를 써넣으시오.

포인트

원주민 사회와 같이 큰 수를 나타낼 필요가 없는 곳에서는 사물이나 신체를 이용하거나 우라펀, 오코사 또는 마이타와 같은 몇 개의 단어만을 사용하여 수를 나타내었습니다.

🐻 몸으로 수 세기

남태평양의 뉴기니섬에 살고 있는 파푸스 족은 지금도 숫자를 사용하지 않고 몸의 각 부분을 사용하여 수를 나타냅니다. 파푸스 족과 같은 방법으로 수를 나타내어 봅시다.

❶ 대화를 보고 파푸스 족의 수를 숫자로 나타내어 ☐ 안에 써넣으시오.

❷ 밑줄 친 수를 파푸스 족의 수로 나타내시오.   **왼쪽 팔꿈치**

마법 학교에는 마법 지팡이가 16개 있습니다.

[중국 손가락 숫자]

1 중국에서는 1부터 10까지의 수를 다음과 같이 한 손으로 셉니다. 주어진 수를 손으로 나타내어 보시오.

준비물 손 스티커

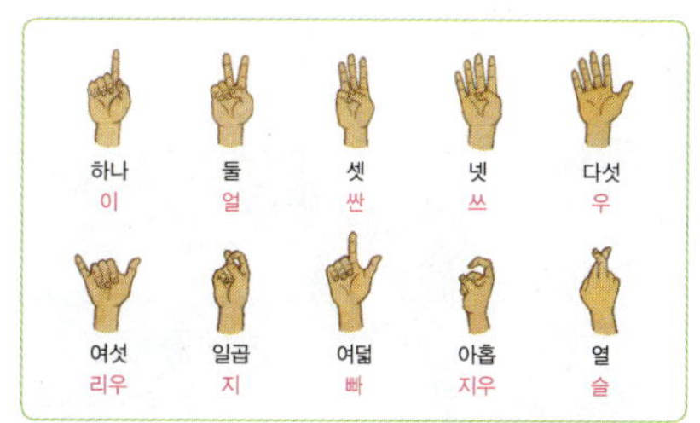

❶ 15

❷ 18

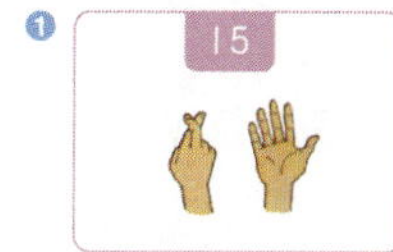

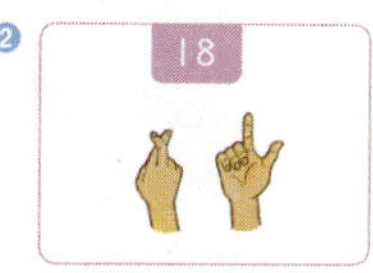

정답 및 해설 **7**

🐚 원주민들의 수 세기

호주와 뉴기니 사이에 살고 있는 어느 원주민들은 '우라펀'과 '오코사'라는 말을 사용하여 수를 나타냅니다. 다음 카멜레온의 수를 우라펀과 오코사로 나타내시오.

오코사 오코사 오코사 우라펀

❶ '우라펀'과 '오코사'가 의미하는 수를 ☐ 안에 각각 써넣으시오.

우라펀: 1   오코사: 2

❷ '오코사 우라펀'은 3을 나타냅니다. 같은 방법으로 4, 5를 나타내시오.

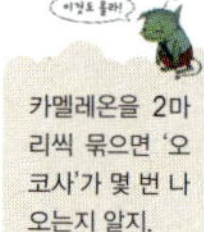

오코사 오코사

오코사 오코사 우라펀

❸ 위 카멜레온의 수를 '우라펀'과 '오코사'로 나타내시오.

---

1 [마이타]
남아메리카에 살고 있는 가비온 족은 '마이타'라는 말로 수를 나타냅니다. 다음 원주민이 말하는 수에 맞게 바구니 위에 오렌지 스티커를 붙이시오.

준비물 오렌지 스티커

2 [1, 2, 많다]
호주에 살고 있는 왈피리 부족은 다음과 같은 세 가지 말을 사용하여 수를 나타냅니다. 태돌이의 질문에 대한 왈피리 부족의 대답을 쓰시오. 많다

1   2   많다

태돌

1, 2, 많다 이외에 수를 나타내는 용어가 없으므로 왈피리 부족은 2보다 많은 모든 수를 '많다'라고 나타냅니다.

---

⑤ 수 새기기

영국의 유명한 소설 「로빈슨 크루소」에서 배가 침몰하여 무인도에서 살게 된 '로빈슨 크루소'는 나무에 선을 그어 날짜를 세며 구조를 기다립니다.

로빈슨 크루소가 17일 동안 그은 막대를 보고, 막대 하나는 며칠을 나타내는지 구하시오. 1일

막대 17개가 17일을 나타내므로 막대 1개는 1일을 나타냅니다.

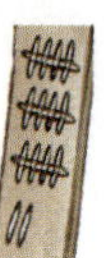

🔄 대충이 요괴는 종이에 먹은 과자의 수만큼 눈금을 긋습니다. 대충이 요괴와 같은 방법으로 장난 요괴와 잠만자 요괴가 먹은 과자의 수만큼 눈금을 그어 보시오.

🐛 수 세기 도구

40 · 41

'주판'은 알을 움직여서 수를 나타내고 계산을 하는 도구입니다. 주판으로 수를 나타내는 규칙을 찾고 다음 주판이 나타내는 수를 쓰시오.

0   1   6   17

18

❶ 주판의 각 알이 나타내는 수를 다음 □ 안에 써넣으시오.

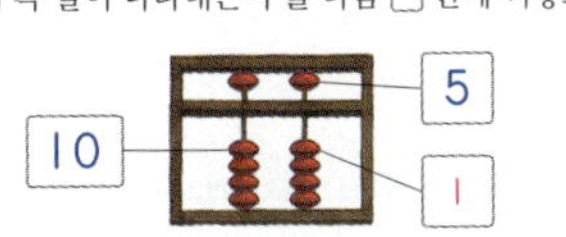

10   5   1

❷ ❶의 각 알이 나타내는 수를 생각하여 주판이 나타내는 수를 쓰시오.

5를 나타내는 알이 내려가고, 10을 나타내는 알 1개와 1을 나타내는 알 3개가 내려갔으므로 모두 18을 나타냅니다.

$$10+5+3=18$$

[매듭숫자-키푸(guipu)]

1 옛날 잉카 사람들은 매듭을 지어 수를 나타냈습니다. 그림을 보고 □ 안에 알맞은 수를 쓰고, 그 수를 잉카 사람들의 방법으로 나타내시오.

❶ 사람 4 명

키푸

❷ 퍼즐 조각 15 개

키푸

🐛 옛날 여러 나라의 수

42 · 43

옛날 바빌로니아에서는 점토판에 갈대끝으로 다음과 같은 모양을 눌러 써서 수를 나타내었습니다. 규칙을 찾아 다음 수를 바빌로니아 수로 나타내시오.

7 →

14 →

❶ ▽ 모양이 나타내는 수를 □ 안에 써넣으시오.

1   2   3

❷ 오른쪽 그림을 보고 ◀ 모양이 나타내는 수를 □ 안에 써넣으시오.

◀ 10

❸ 7, 14를 바빌로니아 수로 나타내시오.

[마야의 수]

1 옛날 마야 사람들은 다음과 같이 수를 나타내었습니다. 밑줄 친 수와 관계 있는 마야 수를 선으로 이으시오.

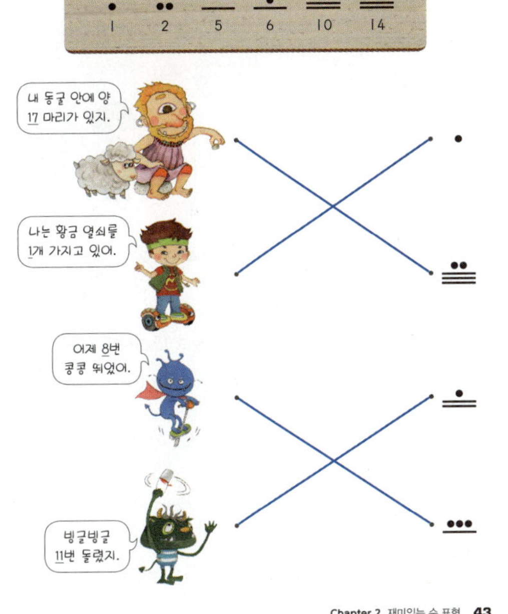

정답 및 해설 **9**

6 다양하게 나타낸 수

잘난척 요괴가 다음과 같이 10개의 전구를 사용하여 수를 나타냅니다.

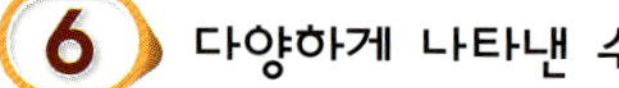

주어진 수를 잘난척 요괴와 같은 방법으로 나타내시오.

잘난척 요괴가 전구 대신 ◯를 그려 수를 나타내었습니다. 나타내는 수를 □ 안에 써넣으시오.

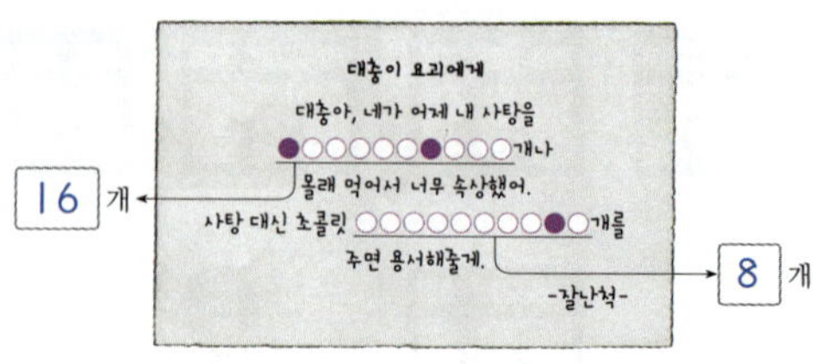

16 개

8 개

노크 포인트

모양의 특징을 이용하거나 규칙에 맞게 색칠하기 등의 방법으로도 수를 나타낼 수 있습니다.

① 선의 개수를 이용하여 나타내기

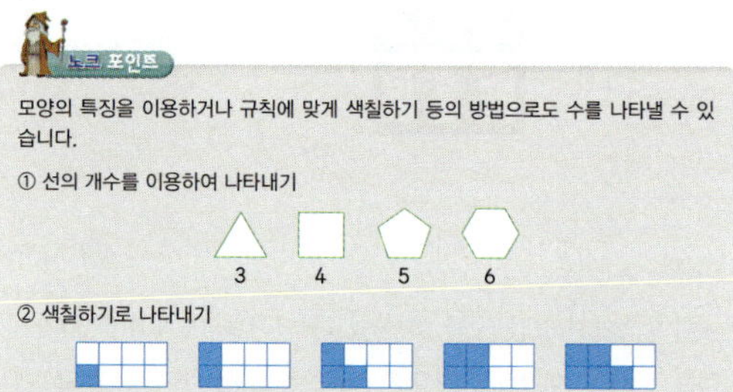

3 4 5 6

② 색칠하기로 나타내기

1 2 3 4 5

도형이 나타낸 수

각 모양은 각각의 수를 나타냅니다. 다음 모양이 나타내는 수를 □ 안에 써넣으시오.

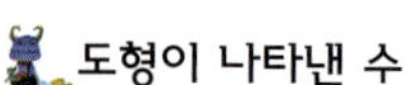

3 4 5 6 7

10

❶ △ 모양에서는 3개이고, □ 모양에서는 4개인 것을 찾아 보시오.

예 선의 수 / 뽀족한 부분의 수

선분, 변, 각과 같은 표현을 알고 있는 경우, 알고 있는 표현을 사용하여 적도록 지도합니다.

❷ ❶에서 찾은 것의 수를 다음 모양에서도 세어 보시오. 각 모양이 나타내는 수와 같습니까? **예**

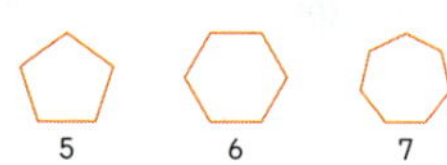

5 6 7

❸ 위 모양이 나타내는 수를 구하시오.

선의 수 (변의 수) 또는 뽀족한 부분의 수(각의 수)가 모두 10개인 모양입니다.

[점의 수]

1 다음은 선을 3개 그어 0부터 3까지의 수를 나타낸 것입니다. 이와 같은 방법으로 선 4개를 그어 1부터 4까지의 수를 나타내시오.

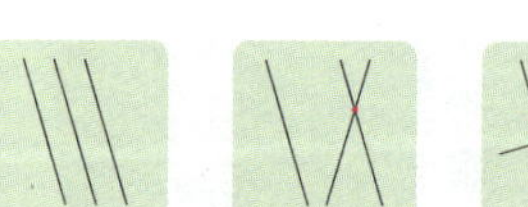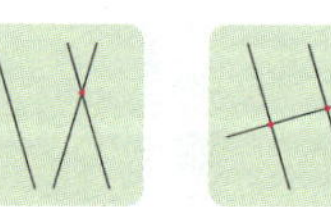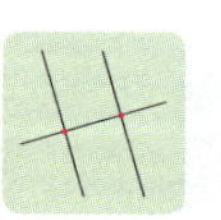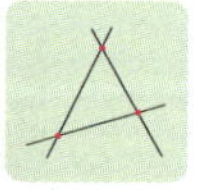

0 1 2 3

선과 선이 만나서 생기는 점의 개수로 수를 나타낸 것입니다. 예시 답안과 달라도 점의 개수가 맞으면 정답입니다.

예

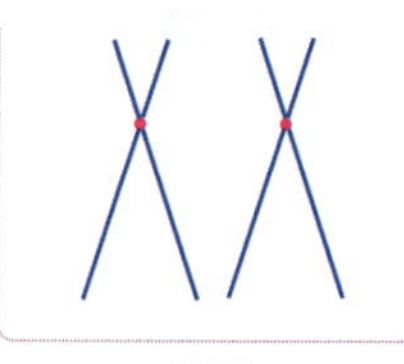

1 2

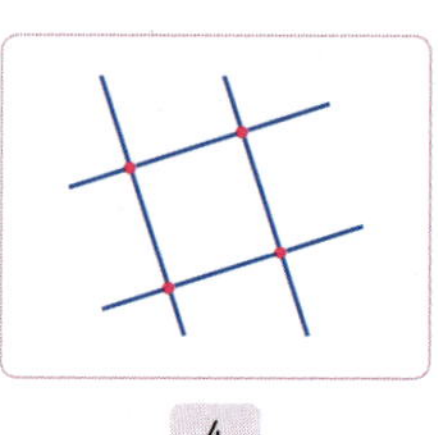

3 4

색칠하여 나타낸 수

일정한 규칙에 따라 색칠한 칸은 각기 다른 수를 나타냅니다.

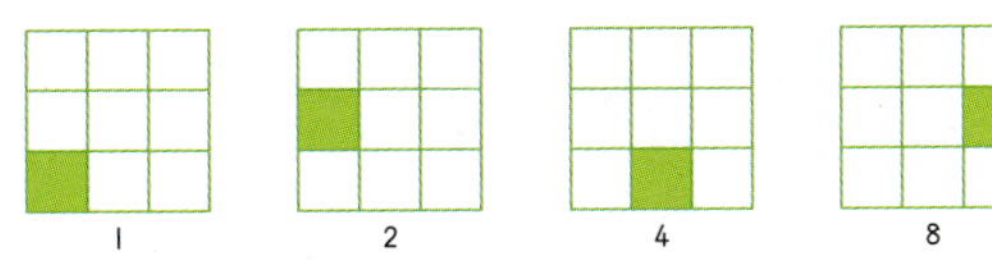

❶ 각 칸이 나타내는 수를 빈칸에 써넣으시오.

❷ 주어진 수를 색칠하여 나타내시오.

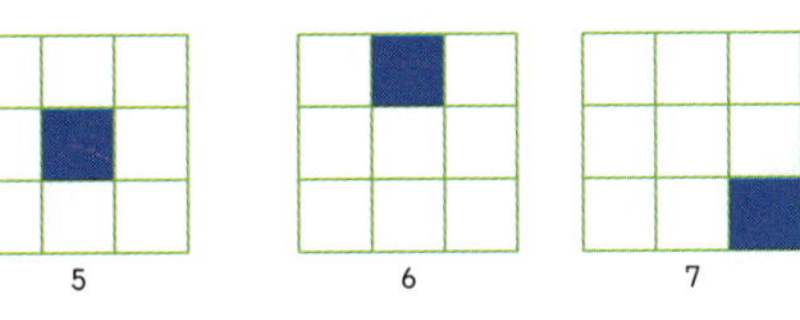

[원형 수]

1 다음과 같이 색칠하여 수를 나타냅니다. 다음 그림이 나타내는 수를 □ 안에 써넣으시오.

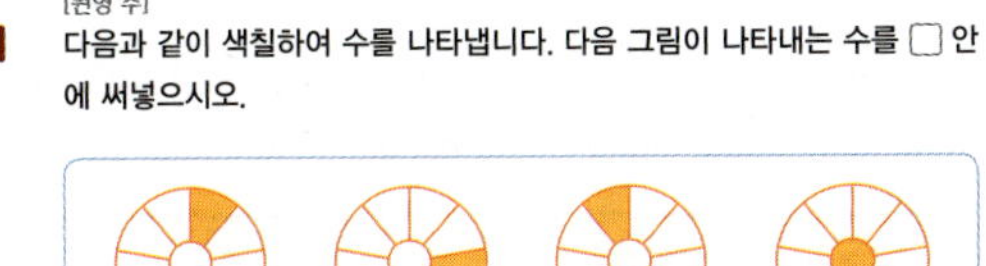

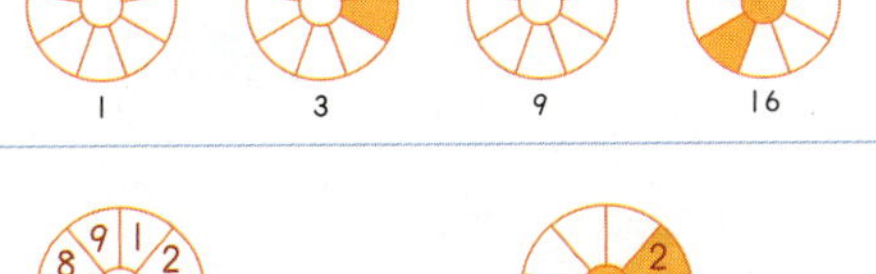

[칸의 수]

2 다음과 같이 색칠하여 수를 나타냅니다. 규칙을 찾아 주어진 수를 나타내시오.

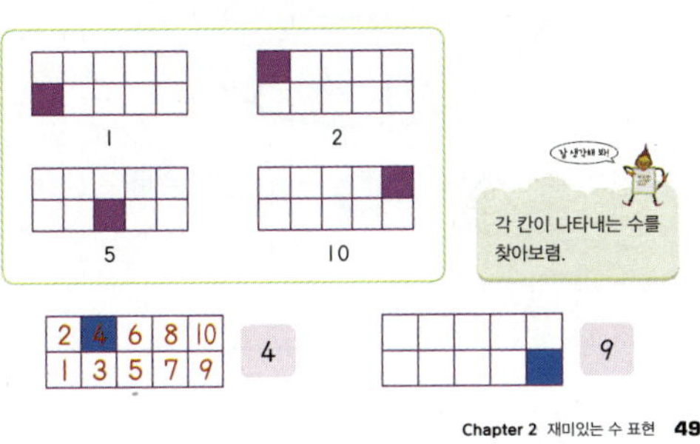

창의적 문제해결력

1 규칙에 맞게 ○표 하여 수를 나타내시오.

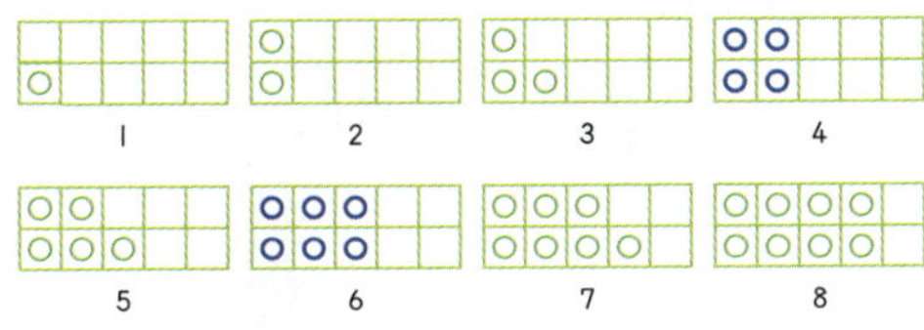

수만큼 ○표로 수를 나타냅니다.

2 큐리는 수를 나타내는 말을 만들었습니다. 큐리와 같이 수 1, 2를 나타내는 말을 만들고, 그 말을 이용하여 3을 나타내어 보시오.

3 꼬마 요괴들이 1부터 9까지의 수를 여러 가지 방법으로 나타내었습니다. 9개의 수를 모두 쓴 요괴의 이름을 쓰시오. 잠만자 요괴

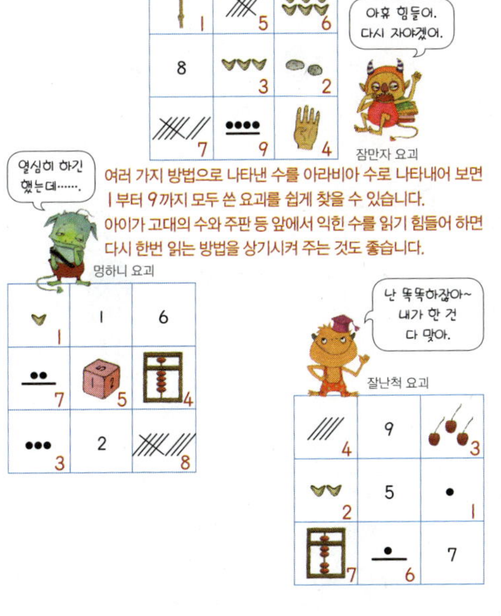

여러 가지 방법으로 나타낸 수를 아라비아 수로 나타내어 보면 1부터 9까지 모두 쓴 요괴를 쉽게 찾을 수 있습니다.
아이가 고대의 수와 주판 등 앞에서 익힌 수를 읽기 힘들어 하면 다시 한번 읽는 방법을 상기시켜 주는 것도 좋습니다.

7 수의 순서

티나, 큐리, 태돌, 현우가 I부터 20까지의 수가 차례로 쓰인 곳에 각자 조약돌을 던지고, 자신이 던진 조약돌이 있는 칸에 서 있습니다.

수의 순서에 따라 선을 연결하여 꼬마 요괴를 완성하시오.

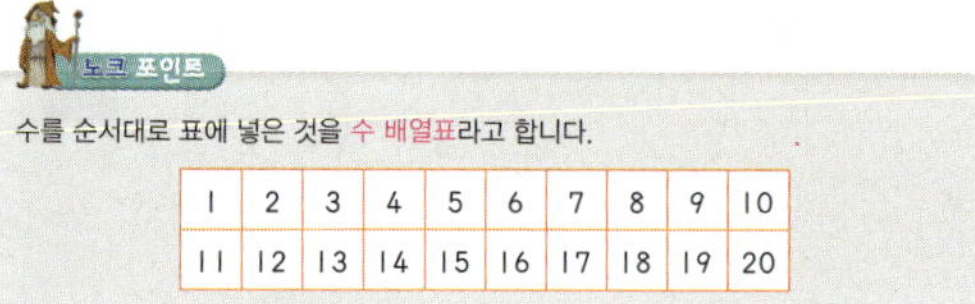

노크 포인트

수를 순서대로 표에 넣은 것을 수 배열표라고 합니다.

1	2	3	4	5	6	7	8	9	10
11	12	13	14	15	16	17	18	19	20

순서대로

다람쥐가 모든 칸을 한 번씩 지나서 도토리가 있는 곳까지 갈 수 있도록 보기 와 같이 6부터 IO까지의 수를 순서대로 연결하시오. (단, 가로 또는 세로 방향으로만 선을 이을 수 있습니다.)

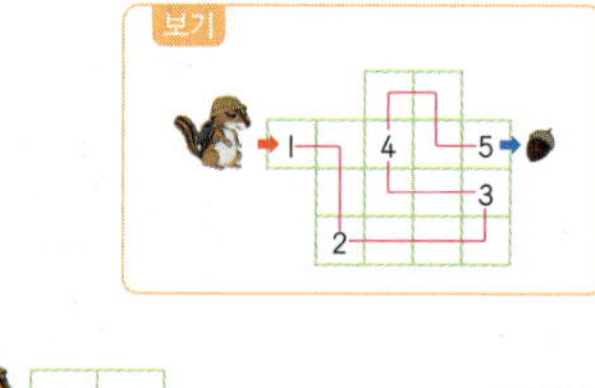

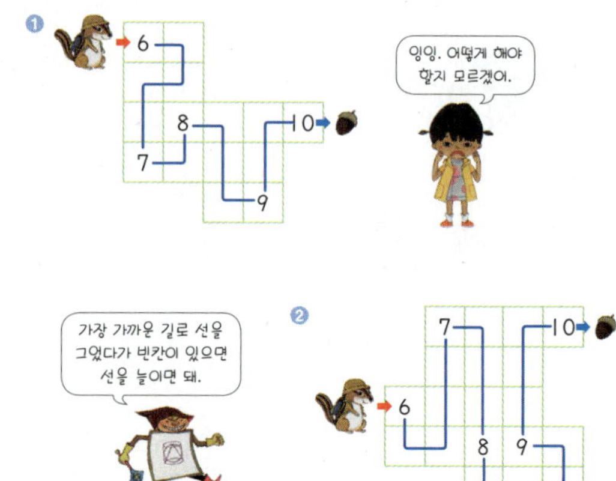

[카드 옮기기]

1 장난 요괴가 수의 순서대로 놓여진 카드 중 두 장을 서로 바꾸어 놓았습니다. 장난 요괴가 옮긴 카드를 모두 찾아 ○표 하시오.

[병원 진료]

2 병원에 간 꼬마 요괴들이 번호표를 뽑았습니다. 번호표를 보고 가장 먼저 치료받는 요괴와 가장 늦게 치료받는 요괴의 이름을 차례로 쓰시오.

산만해 요괴, 대충이 요괴

수의 순서가 가장 앞에 있는 번호표를 뽑은 요괴부터 치료를 받으므로 산만해 요괴가 가장 먼저, 대충이 요괴가 가장 늦게 치료를 받습니다.

수의 배열

58·59

다음과 같은 수 배열표가 여러 조각으로 나뉘어져 있습니다. 조각을 모두 이어 붙여 완전한 수 배열표를 만드시오.

준비물 수 배열표 조각

1	2	3	4	5
6	7	8	9	10
11	12	13	14	15
16	17	18	19	20

① 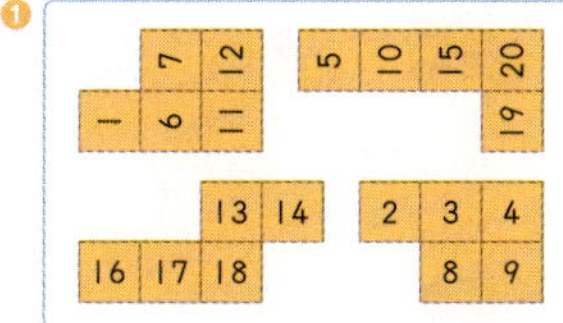

② 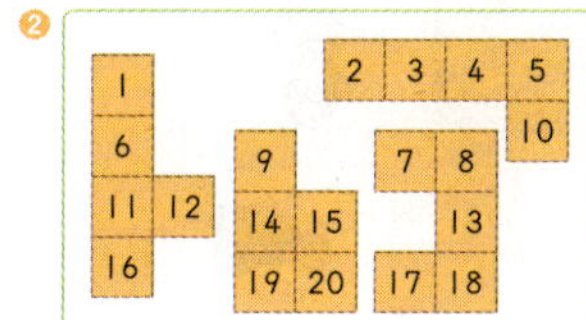

---

1 [수 배열표]
규칙을 찾아 수 배열표의 빈칸에 알맞은 수를 써넣으시오.

1	8	9	16	17
2	7	10	15	18
3	6	11	14	19
4	5	12	13	20

2 [벌집 수 배열]
벌집 모양의 수 배열표에 규칙에 따라 수를 넣었습니다. ★이 나타내는 수를 쓰시오. 16

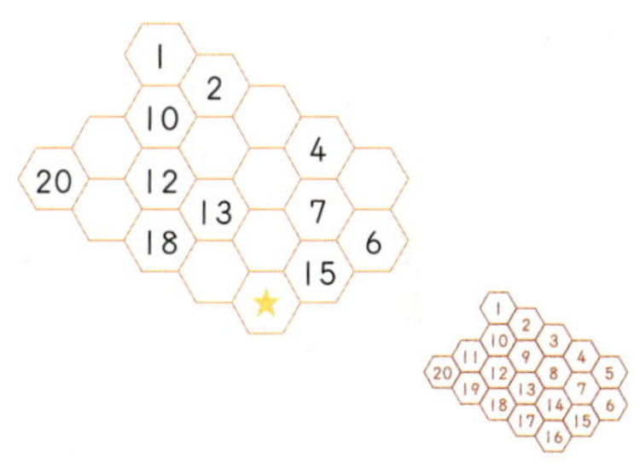

---

⑧ 세 가지 수

60·61

대마법사 멀린과 태돌이가 운동회에서 찍은 사진을 보고 있습니다.

위 사진을 보고 다음 ☐ 안에 알맞은 수를 써넣으시오.

사진에 있는 사람은 모두 **4** 명입니다.

태돌이의 참가 번호는 **4** 번입니다.

티나는 왼쪽에서 **4** 번째에 있습니다.

꼬마 요괴의 이야기에 맞게 사과 스티커를 붙여 나타내시오.

준비물 사과 스티커

토론 포인트

수는 쓰임에 따라 3가지 방법으로 사용됩니다.
① 개수나 양을 나타낼 때: 모두 4명입니다.
② 순서를 나타낼 때: 태돌이는 4번째입니다.
③ 이름을 나타낼 때: 태돌이는 4번입니다.

정답 및 해설 **13**

 순서

꼬마 요괴들이 다음과 같이 한 줄로 서 있습니다. 다음 물음에 답하시오.

울보 요괴　잠만자 요괴　한입 요괴　거꾸로 요괴　뛰어 요괴

❶ 잠만 자고 있는 요괴는 왼쪽에서 몇 번째인지 쓰시오.　2번째

❷ 오른쪽에서 1번째에 있는 요괴의 이름을 쓰시오.　뛰어 요괴

❸ 오른쪽에서 5번째에 있는 요괴가 손에 들고 있는 것은 무엇인지 쓰시오.　연필

❹ 손에 책을 들고 있는 요괴는 왼쪽에서 몇 번째인지 쓰시오.　4번째

[자동차 색칠하기]

1 대마법사 멀린의 주문에 맞게 자동차를 색칠하시오.　준비물 색연필

❶

❷

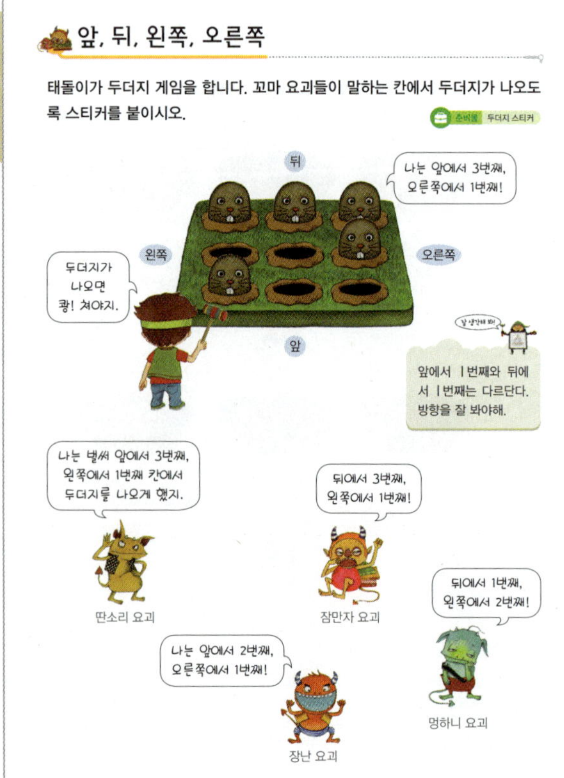 앞, 뒤, 왼쪽, 오른쪽

태돌이가 두더지 게임을 합니다. 꼬마 요괴들이 말하는 칸에서 두더지가 나오도록 스티커를 붙이시오.　준비물 두더지 스티커

[학급 사진]

1 초등학교 어느 반의 학급 사진입니다. 다음 물음에 답하시오.

❶ 태경이는 학급 사진에서 위에서 2번째, 왼쪽에서 2번째에 있는 친구와 오늘 놀이터에 가기로 하였습니다. 태경이와 같이 놀이터에 가는 친구의 이름을 쓰시오.　지오

❷ 학급 사진에서 안경을 쓰고 있는 사람은 큐리의 오빠입니다. 큐리 오빠의 위치를 나타낼 수 있도록 □ 안에 알맞은 수를 써넣으시오.

위에서 2 번째, 오른쪽에서 1 번째

14　PA1 수

9 뛰어 세기

이상한 나라의 시계 토끼는 1부터 3씩 뛰어 센 수가 있는 칸만 밟고 여왕님에게 갑니다. 시계 토끼가 밟을 칸을 모두 색칠하시오.

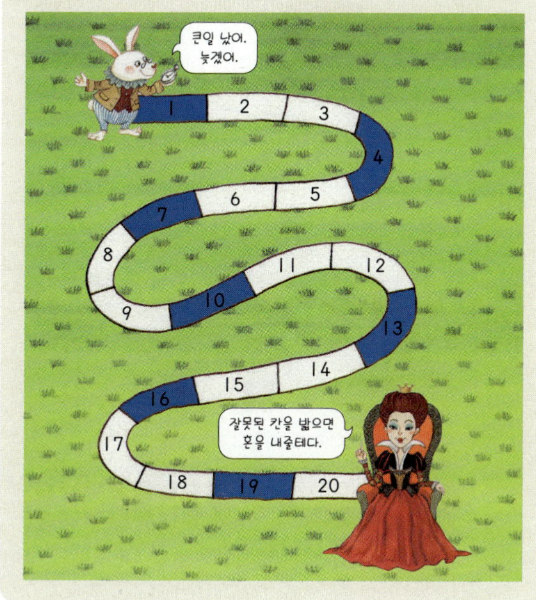

동물의 다리 수를 ☐ 안에 써넣으시오.

4 개

8 개

12 개

16 개

20 개

염소 다리의 수를 이용하여 4씩 뛰어 세기를 합니다.

누드코 포인트

1부터 2씩 뛰어 센 수를 **홀수**, 2부터 2씩 뛰어 센 수를 **짝수**라고 합니다.
홀수는 둘씩 묶었을 때 하나가 남고, 짝수는 둘씩 묶으면 남지 않습니다.

①2③4⑤6⑦8⑨10⑪12……
→ 1, 3, 5, 7, 9……홀수

1②3④5⑥7⑧9⑩11⑫……
→ 2, 4, 6, 8, 10, 12……짝수

뛰어 센 수

태경이는 미로의 1번 문으로 들어가 2부터 2씩 뛰어 센 수만 따라 미로를 통과하여 나옵니다. 미로를 통과하는 길을 나타내시오.

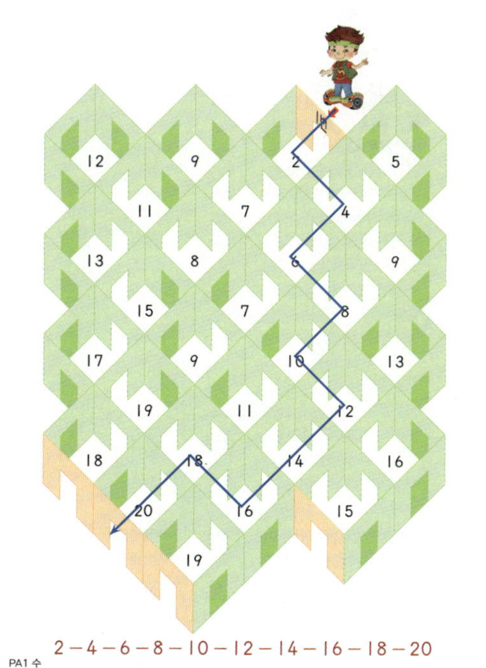

2 — 4 — 6 — 8 — 10 — 12 — 14 — 16 — 18 — 20

[꼬마 요괴가 말하는 수]

1 꼬마 요괴들이 1부터 시작하여 ☐씩 뛰어 센 수를 차례로 말하고 있습니다. 뛰어 센 수를 ☐ 안에 써넣으시오.

뛰어 센 수: 3

[수학 요정의 수]

2 수학 요정의 수만큼 뛰어 센 수를 차례로 쓴 것입니다. ☐ 안에 알맞은 수를 써넣으시오.

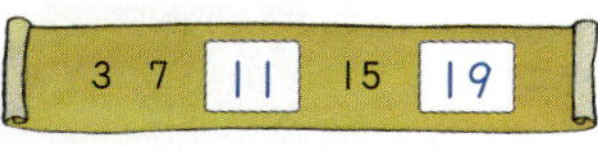

정답 및 해설 **15**

🦉 홀수, 짝수

| 부터 2씩 뛰어 센 수를 홀수, 2부터 2씩 뛰어 센 수를 짝수라고 합니다. | 부터 20까지의 수에서 홀수와 짝수를 알아봅시다.

① 홀수는 파란색, 짝수를 빨간색으로 색칠하시오.

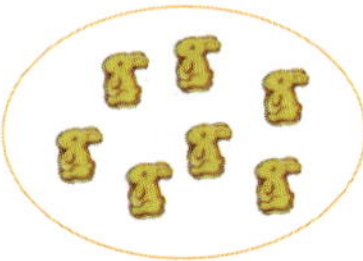

② 수를 세어 □ 안에 쓰고, 홀수 또는 짝수에 ○표 하시오.

7 (홀수 , 짝수)

14 (홀수 , 짝수)

18 (홀수 , 짝수)

1 [꽃잎]
대마법사 멀린의 정원에 꽃이 피었습니다. 바람에 꽃잎 2장이 떨어진다면 남은 꽃잎의 수는 홀수인지, 짝수인지 구하시오. **홀수**

홀수에서 거꾸로 2를 뛰어도 홀수입니다.

2 [특별한 짝수]
보기 와 같이 반복하여 똑같이 둘로 나누면 |이 되는 수를 '특별한 짝수'라고 합니다. 다음 중 특별한 짝수를 찾아 기호를 쓰시오. **ⓛ**

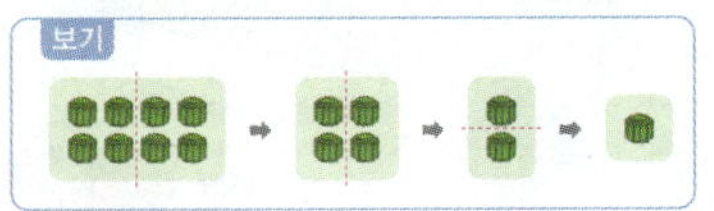

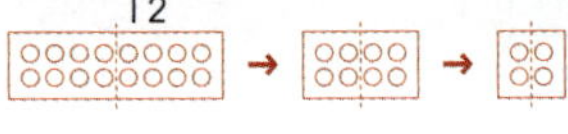

🧑 창의적 문제해결력

1 과학자가 |0부터 |까지 거꾸로 수를 센 후 미니 로켓을 발사하기로 하였습니다. 미니 로켓이 발사되도록 □ 안에 알맞은 수를 써넣으시오.

10 9 8 7 6 5 4 3 2 |

2 체육 대회에서 현우가 달리기를 하고 있습니다. 현우는 앞에서 2번째, 뒤에서 3번째로 달립니다. 달리기를 하는 친구는 모두 몇 명인지 구하시오. **4명**

현우가 앞에서 2번째, 뒤에서 3번째로 달리고 있으므로 현우 앞에 |명, 현우 뒤에 2명이 있는 것입니다. 따라서 달리기를 하고 있는 사람은 모두 4명입니다.

○ ○ ○ ○ →4명

🎬 동영상 특강
QR 코드를 찍어 보세요!!!

3 □의 수를 세어 보지 않고 홀수인지, 짝수인지 □ 안에 써넣으시오.

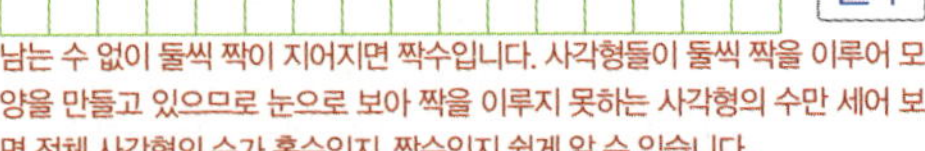

남는 수 없이 둘씩 짝이 지어지면 짝수입니다. 사각형들이 둘씩 짝을 이루어 모양을 만들고 있으므로 눈으로 보아 짝을 이루지 못하는 사각형의 수만 세어 보면 전체 사각형의 수가 홀수인지, 짝수인지 쉽게 알 수 있습니다.

⑩ 큰 수, 작은 수

수의 크기에 따라 [조건]에 맞게 색칠하여 그림을 완성하시오. ꞏ준비물ꞏ 색연필

[조건]		
🟢 2보다 작은 수	⚫ 4	
🟡 2	⚫ 5보다 크고 8보다 작은 수	
🔵 3	🔴 7보다 큰 수	

🟢 수를 여러 가지 형태로 나타낸 카드를 보고 다음 물음에 답하시오.

㉠ 15	㉡ 18	㉢ 11	㉣ 2	㉤ 10

● 가장 큰 수를 나타내는 카드의 기호를 쓰시오. ㉡

● 가장 작은 수를 나타내는 카드의 기호를 쓰시오. ㉣

● 5보다 크고 15보다 작은 수를 나타내는 카드의 기호를 모두 쓰시오.
㉢, ㉤

15는 15보다 작은 수가 아닙니다. ㉠ 카드를 고르지 않도록 주의합니다.

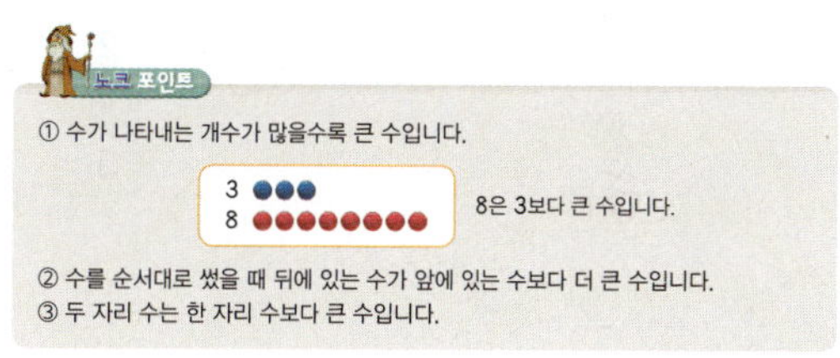

① 수가 나타내는 개수가 많을수록 큰 수입니다.

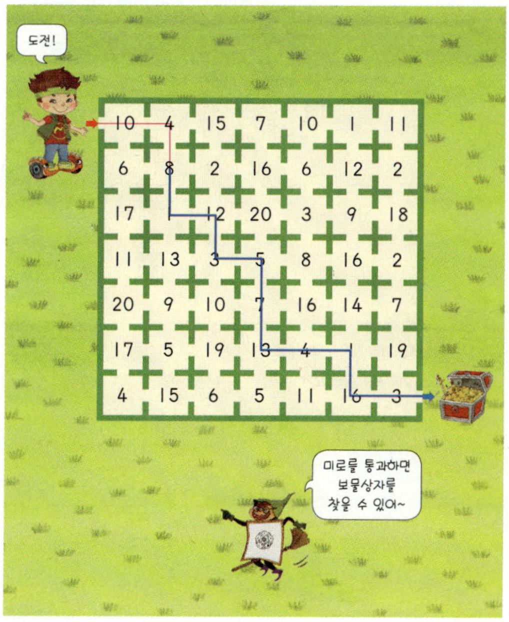

3	🔵🔵🔵	
8	🔴🔴🔴🔴🔴🔴🔴🔴	8은 3보다 큰 수입니다.

② 수를 순서대로 썼을 때 뒤에 있는 수가 앞에 있는 수보다 더 큰 수입니다.
③ 두 자리 수는 한 자리 수보다 큰 수입니다.

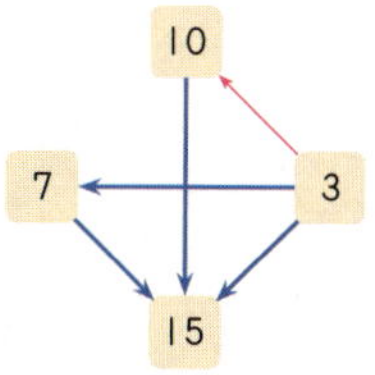

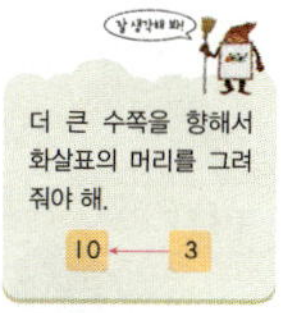

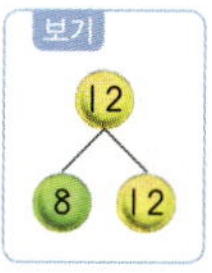

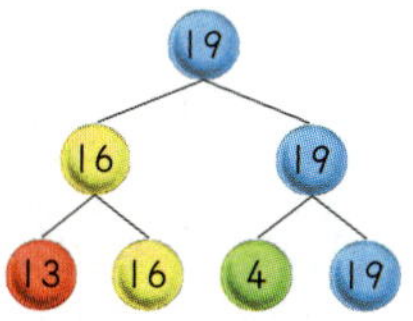

점점 크게, 점점 작게

위에서 아래로 갈수록, 왼쪽에서 오른쪽으로 갈수록 수가 점점 커지도록 빈칸에 1, 2, 3, 5를 한 번씩 써넣으시오.

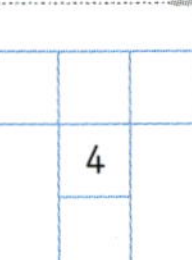

❶ 화살표 방향으로 갈수록 수가 점점 커집니다. 1과 5가 들어가는 칸을 각각 찾아 수를 써넣으시오.

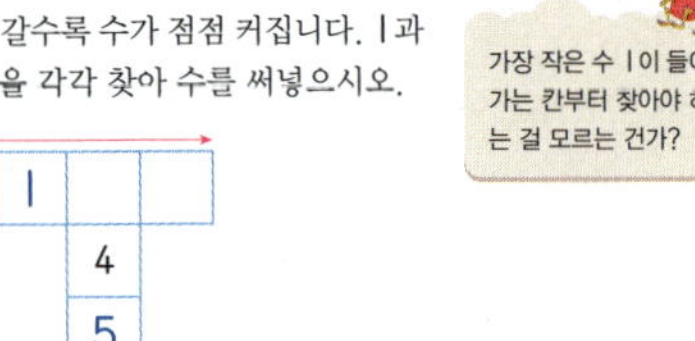

가장 작은 수 1은 맨 위 왼쪽 칸에 들어가고, 가장 큰 수 5는 가장 아래쪽 칸에 들어갑니다.

❷ 조건에 맞게 나머지 칸에 알맞은 수를 써넣으시오.

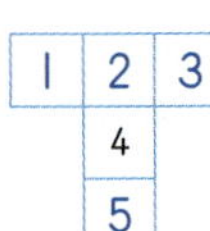

[계단 퍼즐]

1 보기와 같이 계단의 위쪽으로 갈수록 점점 더 큰 수가 들어갑니다. 카드의 수를 한 번씩 모두 사용하여 계단 퍼즐을 완성하시오.

---

11 수 배치 퍼즐

붙어 있는 칸의 번호가 서로 다른 수가 되도록 빈칸에 1, 2를 알맞게 써넣으시오.

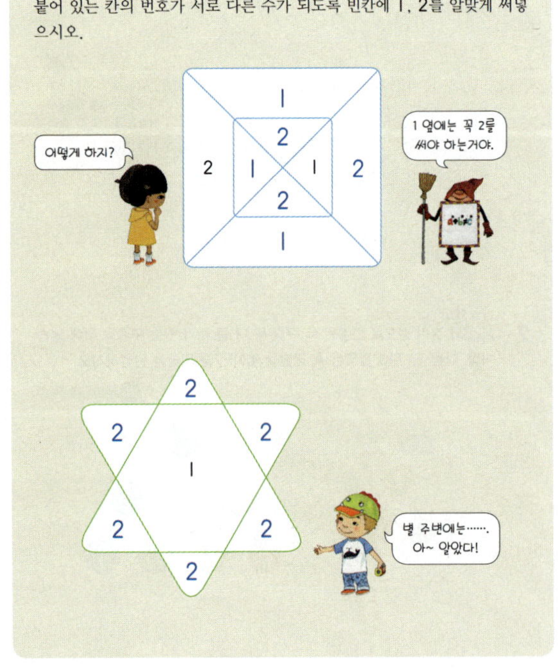

---

❶ 붙어 있는 칸의 번호가 서로 다른 수가 되도록 빈칸에 1, 2, 3을 알맞게 써넣으시오.

또코 포인트

수 배치 퍼즐에는 여러 가지가 있습니다.

① 붙어 있는 칸에 서로 다른 수가 들어가는 퍼즐

② 주어진 수가 각 줄에 한 번씩만 들어가는 퍼즐

③ 가로줄, 세로줄에 색칠된 칸의 수를 밖에 적는 퍼즐

18 PA1 수

한 줄에 한 번

각 가로줄과 세로줄에 1, 2, 3이 각각 한 번씩만 들어가도록 퍼즐을 완성하시오.

❶ 오른쪽 ①, ②에 알맞은 수를 □ 안에 써넣으시오.

①: 1   ②: 3

3	2	①
⑤	1	③
④	②	2

❷ ❶에서 구한 수를 생각하여 ③, ④에 알맞은 수를 □ 안에 써넣으시오.

③: 3   ④: 1

❸ ⑤에 알맞은 수를 □ 안에 쓰고, 위 퍼즐을 완성하시오.

⑤: 2

[세모 퍼즐]

1 각 줄에 1, 2, 3이 한 번씩만 들어가도록 ◯ 안에 알맞은 수를 써넣으시오.

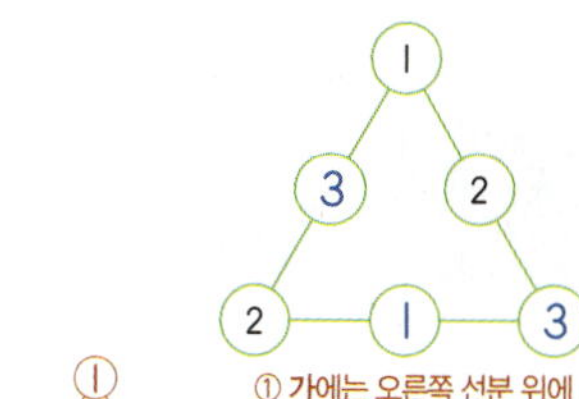

① 가에는 오른쪽 선분 위에 1, 2가 있으므로 3이 들어갑니다.
② 나에는 선분 위에 1, 2가 있으므로 3이 들어갑니다.
③ 다에는 선분 위에 2, 3이 있으므로 1이 들어갑니다.

[1, 2, 3, 4]

2 각 가로줄과 세로줄에 1, 2, 3, 4가 한 번씩만 들어가도록 빈칸에 알맞은 수를 써넣으시오.

1	4	3	2
3	2	4	1
4	1	2	3
2	3	1	4

1	①	3	2
②	2	①	1
4	②	2	①
③	③	1	4

한 칸만 비어 있는 줄을 찾아 그 줄부터 완성해 나갑니다.

노노그램

노노그램은 각 가로줄과 세로줄에 색칠된 칸의 수를 사각형 밖에 적어 나타내는 것입니다. □ 안에 알맞은 수를 써넣으시오.

❶ 화살표를 따라 각 세로줄에 색칠된 칸의 수를 ㉠, ㉡, ㉢의 □ 안에 써넣으시오.

㉠: 1   ㉡: 3   ㉢: 1

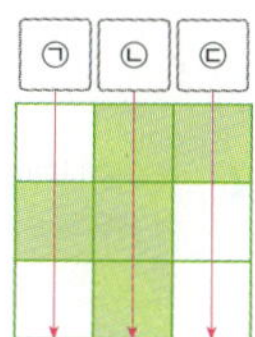

❷ 화살표를 따라 각 가로줄에 색칠된 칸의 수를 ㉣, ㉤, ㉥의 □ 안에 써넣으시오.

㉣: 2   ㉤: 2   ㉥: 1

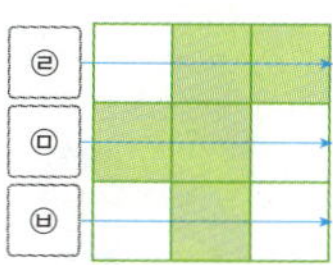

❸ 노노그램을 완성하시오.

[금화]

1 각 가로줄과 세로줄에 놓인 금화의 수를 □ 안에 써넣으시오.

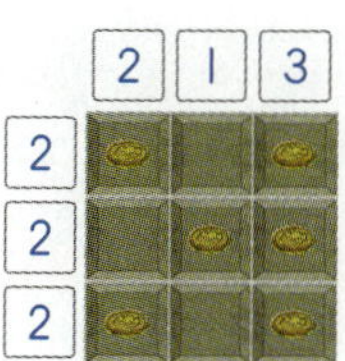

[색칠하기]

2 사각형 밖에 있는 수는 그 줄에 색칠된 칸의 수를 나타냅니다. 알맞게 색칠하여 노노그램을 완성하시오.

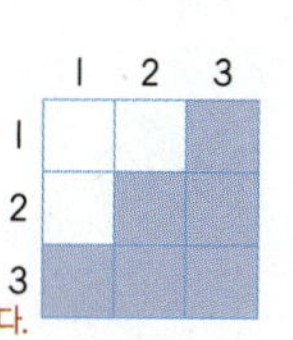

① 3이 있는 줄부터 색칠합니다.
② 1이 있는 줄에 색칠된 1칸이 있으면 남은 칸은 색칠하지 않아도 되므로 모두×표 합니다.
③ ×표 하지 않은 칸에 색칠하고 사각형 밖의 수와 맞는지 확인합니다.

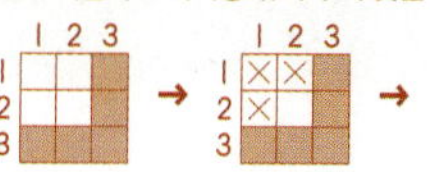
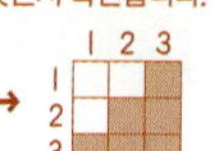

정답 및 해설 **19**

12 금화의 수

꼬마 요괴들이 각자 자신이 지키고 있는 보물 상자에 들어 있는 금화의 수를 이야기 합니다.

3보다 작은 수 1, 2 중 가장 큰 수는 2입니다. 따라서 금화가 2개 들어 있습니다.

17보다 큰 수 중 가장 작은 수만큼 금화가 들었지.

5보다 크고 7보다 작은 수는 6입니다. 따라서 금화가 6개 들어 있습니다.

이 보물 상자의 금화는 5개보다는 많지만 7개보다는 적지.

17보다 큰 수 18, 19, 20…… 중 가장 작은 수는 18입니다. 따라서 금화가 18개 들어 있습니다.

각 보물 상자에 들어 있는 금화의 수를 □ 안에 써넣으시오.

 가 ☐ 2 개    나 ☐ 6 개    다 ☐ 18 개

초등학생인 태경이의 나이를 맞혀 보시오.   13살

태경

① 10보다 크고 14보다 작은 수: 11, 12, 13
② 11, 12, 13 중 가장 큰 홀수: 13

현우가 가진 몬스터 카드는 몇 장인지 쓰시오.   8장

① 7보다 크고 12보다 작은 수: 8, 9, 10, 11
② ① 중 짝수: 8, 10
③ ② 중 가장 작은 수: 8

노크 포인트

여러 가지 조건을 모두 만족하는 수를 구할 때는 각 조건에 맞는 수와 맞지 않는 수를 순서대로 찾아서 구합니다.

[조건]
1. 4보다 크고 10보다 작은 수 → 5, 6, 7, 8, 9
2. 홀수 → 5, 7, 9
3. 홀수 중 가장 큰 수 → 9

범위 안의 수

티나가 조건에 맞는 수를 따라 길을 갑니다. 티나가 가는 길을 선으로 나타내시오.

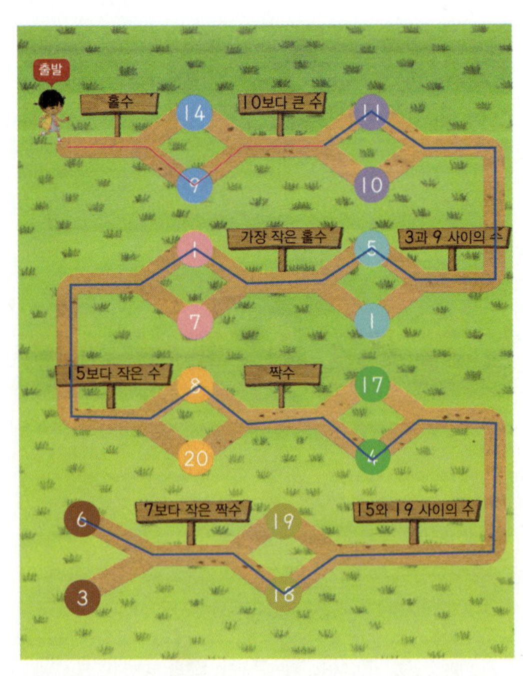

[카드 고르기]

1 주어진 조건에 해당하는 수에 모두 ○표 하시오.

① 10보다 작은 수
 19    10   8   1   12

② 8보다 크고 16보다 작은 수
14   9   6   16   15

[나이]

2 다음은 나이에 따른 영유아, 어린이, 청소년의 구분입니다. 다음 중 청소년에 해당하는 사람의 이름을 쓰시오.   아인

영유아	0세부터 7세까지
어린이	8세부터 13세까지
청소년	14세부터 19세까지

정환 10세   연우 6세   연우 5세   아인 15세

---

20   PA1 수

조건과 수

지옥의 문의 비밀 번호는 1부터 20까지의 수 중 하나입니다. 주어진 조건을 모두 만족하는 지옥의 문의 비밀 번호를 구하시오. **11**

❶ 다음 중 조건 ①에 해당하지 않는 수를 모두 지우시오.

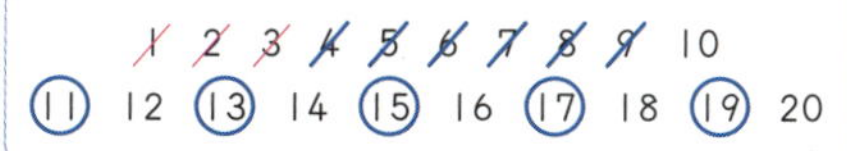

조건 ①에서 비밀 번호가 9보다 큰 수임을 알 수 있습니다.

❷ ❶에서 지우고 남은 수 중 조건 ②에 맞는 수에 모두 ○표 하시오.
조건 ②에서 비밀 번호는 9보다 큰 홀수임을 알 수 있습니다.

❸ ❷에서 ○표 한 수 중 조건 ③에 맞는 수를 구하시오. 비밀 번호는 무엇입니까? **11**
조건 ③에서 비밀 번호가 12보다 작은 수이므로, 조건 ①, ②, ③을 모두 만족하려면 9보다 크고 12보다 작은 홀수이므로 비밀 번호는 11입니다.

[조건과 수 공]

1 수가 적혀 있는 공들이 있습니다. 카드에 적힌 조건과 맞는 공을 찾아 선으로 이으시오.

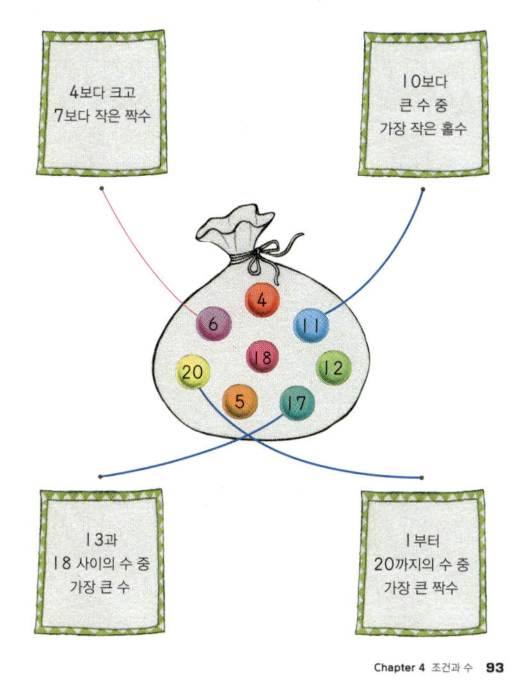

창의적 문제해결력

1 화살표 방향으로 수가 점점 커지도록 ○ 안에 1, 2, 3, 4를 한 번씩 써넣으시오.

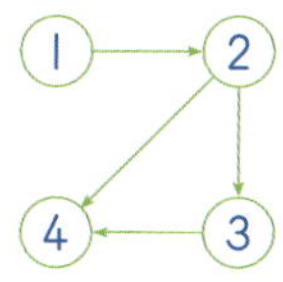

2 숫자 카드 중 2장을 사용하여 요괴가 말하는 조건에 맞는 수를 만드시오. **15**

20보다 작은 두 자리 홀수는 11, 13, 15, 17, 19입니다. 이 중 주어진 숫자 카드로 만들 수 있는 수는 15입니다.

♥ 동영상 특강
QR 코드를 찍어 보세요!!!

3 사각형 밖의 수는 가로줄과 세로줄에 있는 코끼리 젤리의 수를 나타냅니다. 젤리 스티커를 사용하여 퍼즐을 완성하시오. 〔준비물 젤리 스티커〕

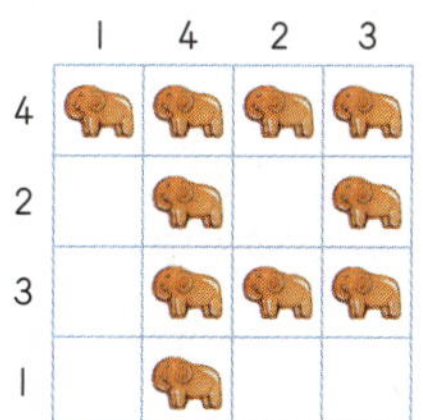

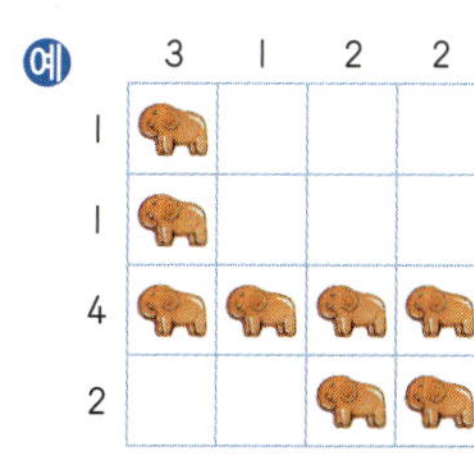

정답 및 해설 **21**

MEMO

MEMO

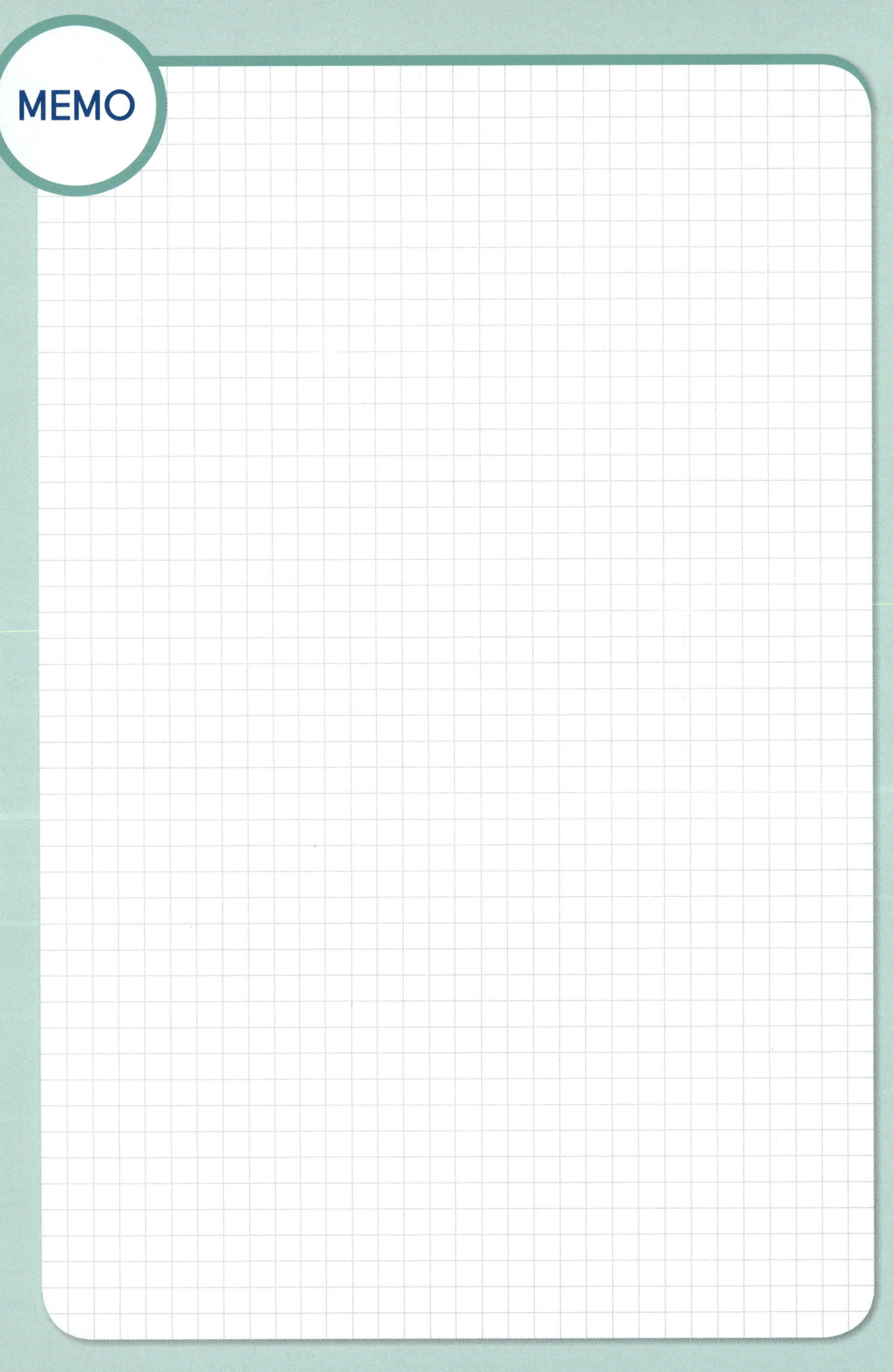
MEMO

꼬마 요괴의 이야기에 맞게 사과 스티커를 붙여 나타내시오.

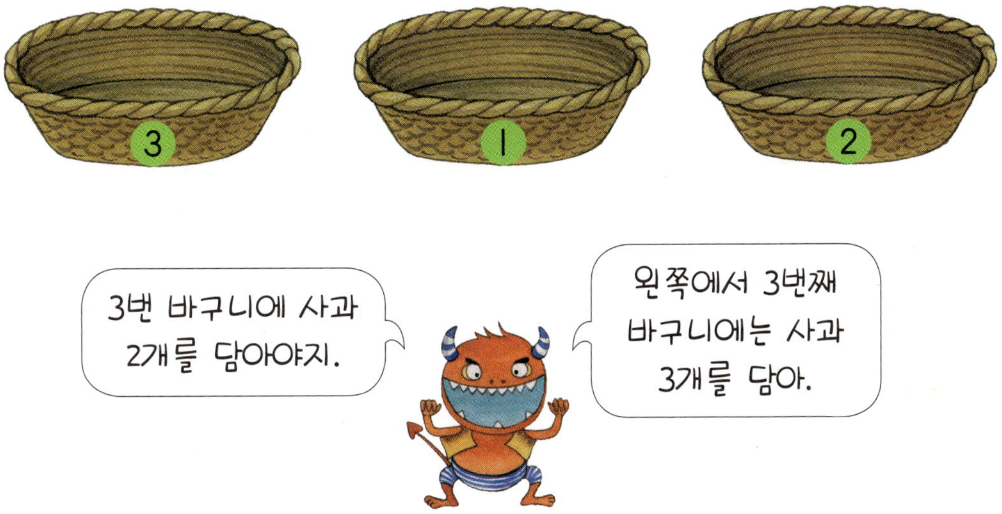

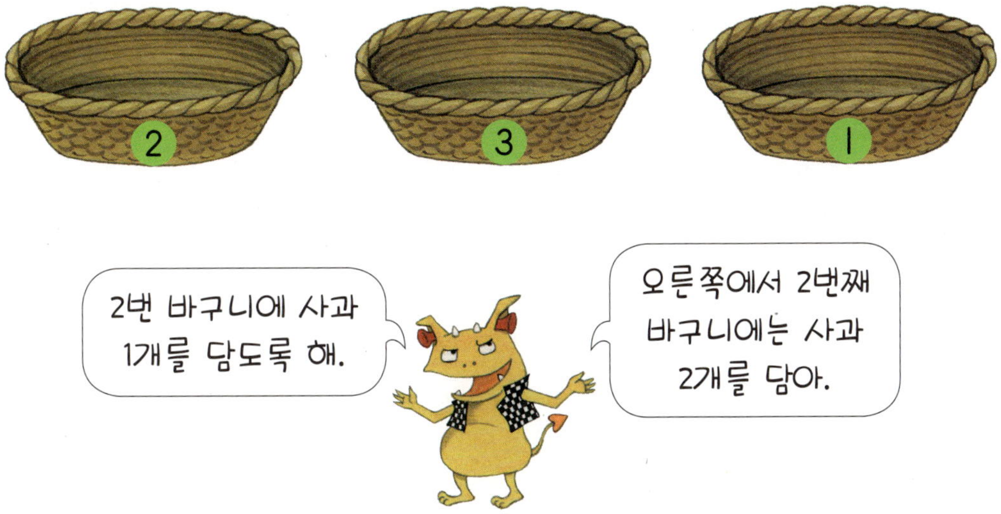

노크 포인트

수는 쓰임에 따라 3가지 방법으로 사용됩니다.
① 개수나 양을 나타낼 때: 모두 4명입니다.
② 순서를 나타낼 때: 태돌이는 4번째입니다.
③ 이름을 나타낼 때: 태돌이는 4번입니다.

 # 순서

꼬마 요괴들이 다음과 같이 한 줄로 서 있습니다. 다음 물음에 답하시오.

❶ 잠만 자고 있는 요괴는 왼쪽에서 몇 번째인지 쓰시오.

❷ 오른쪽에서 1번째에 있는 요괴의 이름을 쓰시오.

❸ 오른쪽에서 5번째에 있는 요괴가 손에 들고 있는 것은 무엇인지 쓰시오.

❹ 손에 책을 들고 있는 요괴는 왼쪽에서 몇 번째인지 쓰시오.

1 대마법사 멀린의 주문에 맞게 자동차를 색칠하시오.

①

마법의 색칠 주문

왼쪽에서 3번째 차는 빨강,
왼쪽에서 4번째 차는 노랑,
오른쪽에서 1번째 차는 파랑,
얄리 얄리 얄라셩
색칠이 되어라~ 얍!

②

마법의 색칠 주문

왼쪽에서 1번째 차는 빨강,
오른쪽에서 4번째 차는 노랑,
오른쪽에서 2번째 차는 파랑,
얄리 얄리 얄라셩
색칠이 되어라~ 얍!

앞, 뒤, 왼쪽, 오른쪽

태돌이가 두더지 게임을 합니다. 꼬마 요괴들이 말하는 칸에서 두더지가 나오도록 스티커를 붙이시오.

준비물 두더지 스티커

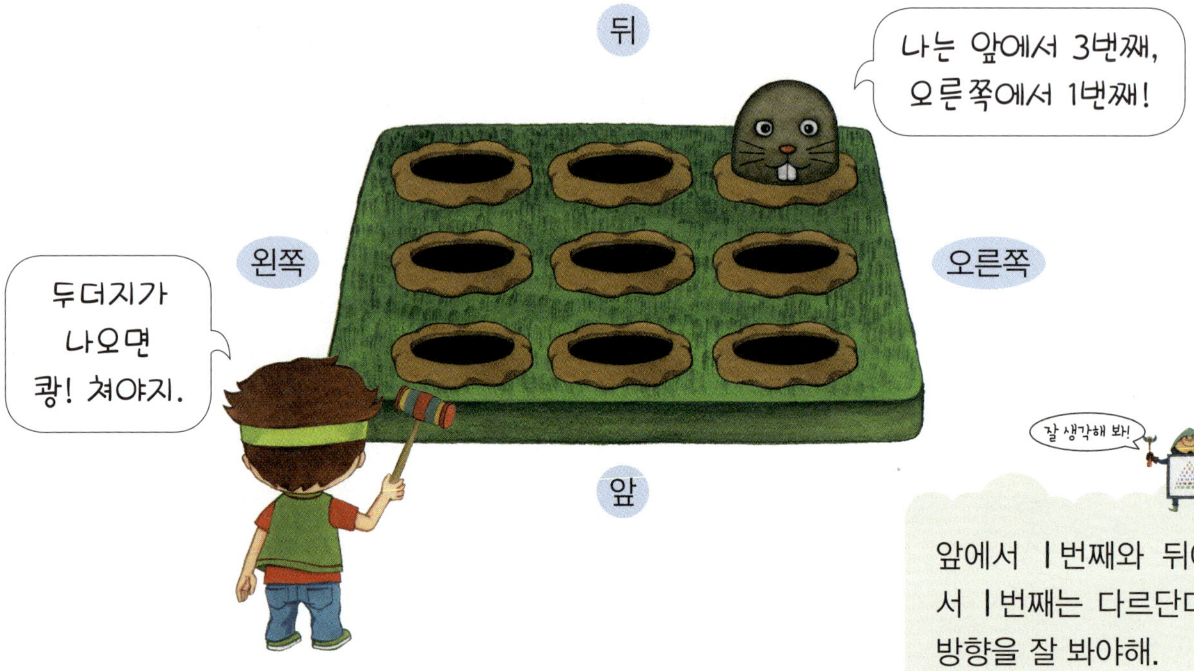

잘 생각해 봐!

앞에서 1번째와 뒤에서 1번째는 다르단다. 방향을 잘 봐야해.

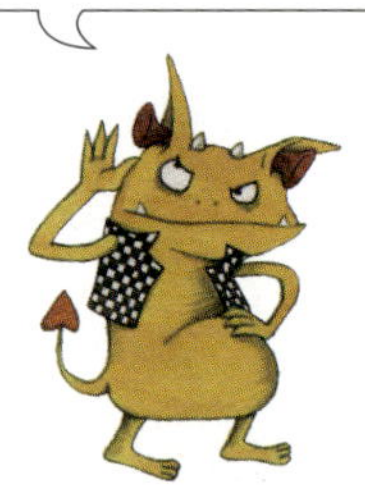

딴소리 요괴

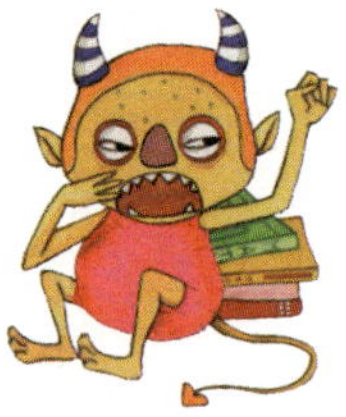

잠만자 요괴

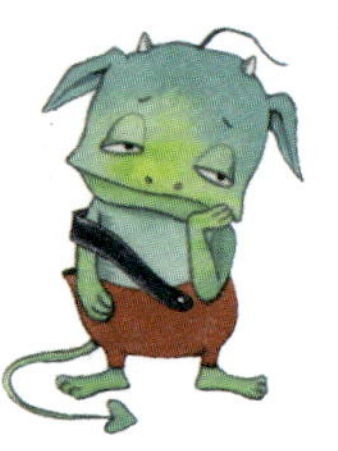

멍하니 요괴

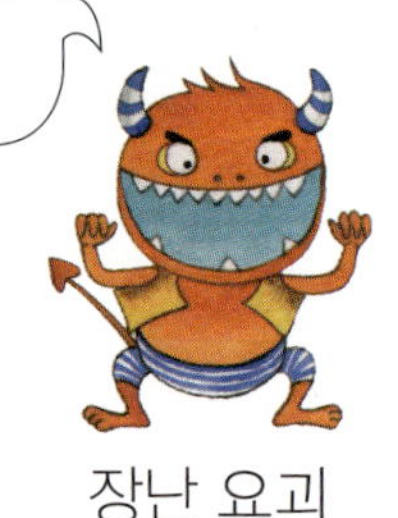

장난 요괴

1 초등학교 어느 반의 학급 사진입니다. 다음 물음에 답하시오.

❶ 태경이는 학급 사진에서 위에서 **2**번째, 왼쪽에서 **2**번째에 있는 친구와 오늘 놀이터에 가기로 하였습니다. 태경이와 같이 놀이터에 가는 친구의 이름을 쓰시오.

❷ 학급 사진에서 안경을 쓰고 있는 사람은 큐리의 오빠입니다. 큐리 오빠의 위치를 나타낼 수 있도록 ☐ 안에 알맞은 수를 써넣으시오.

위에서 ☐ 번째, 오른쪽에서 ☐ 번째

이상한 나라의 시계 토끼는 **1**부터 **3**씩 뛰어 센 수가 있는 칸만 밟고 여왕님에게 갑니다. 시계 토끼가 밟을 칸을 모두 색칠하시오.

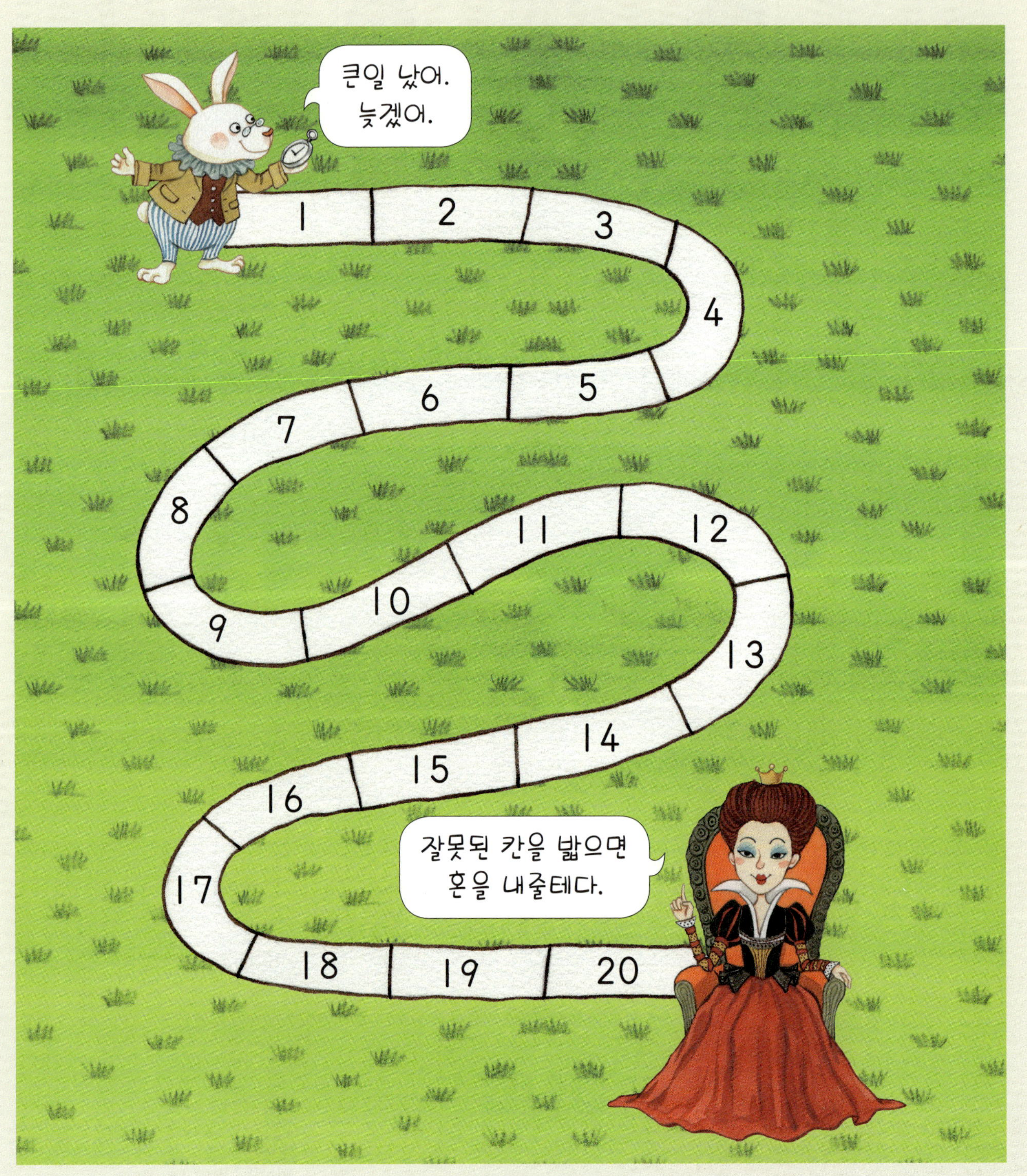

동물의 다리 수를 ☐ 안에 써넣으시오.

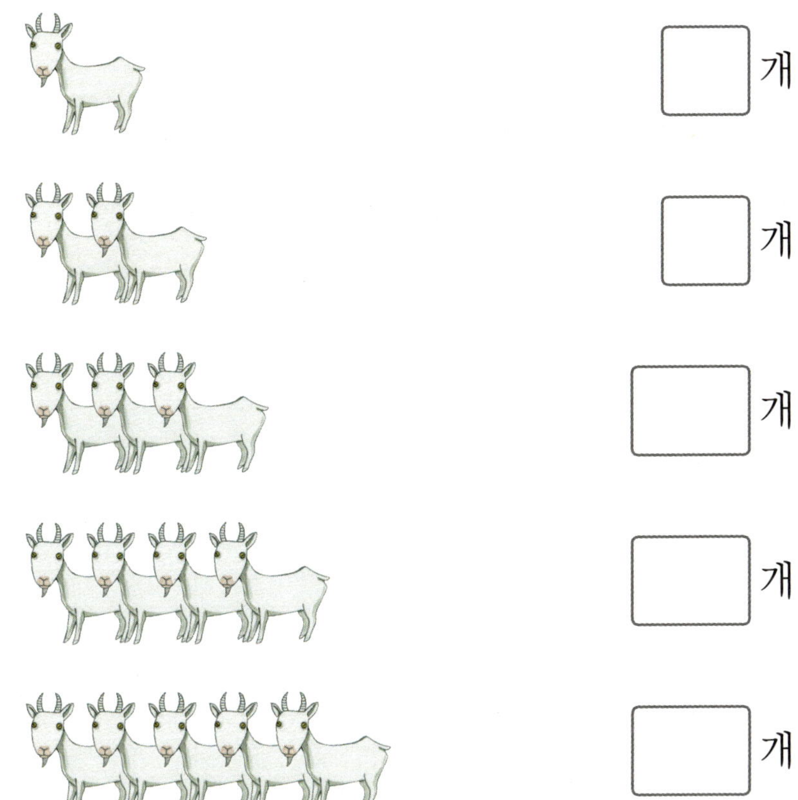

☐ 개

☐ 개

☐ 개

☐ 개

☐ 개

노크 포인트

1부터 2씩 뛰어 센 수를 홀수, 2부터 2씩 뛰어 센 수를 짝수라고 합니다.
홀수는 둘씩 묶었을 때 하나가 남고, 짝수는 둘씩 묶으면 남지 않습니다.

① 2 ③ 4 ⑤ 6 ⑦ 8 ⑨ 10 ⑪ 12……

→ 1, 3, 5, 7, 9……홀수

1 ② 3 ④ 5 ⑥ 7 ⑧ 9 ⑩ 11 ⑫……

→ 2, 4, 6, 8, 10, 12……짝수

뛰어 센 수

태경이는 미로의 1번 문으로 들어가 2부터 2씩 뛰어 센 수만 따라 미로를 통과하여 나옵니다. 미로를 통과하는 길을 나타내시오.

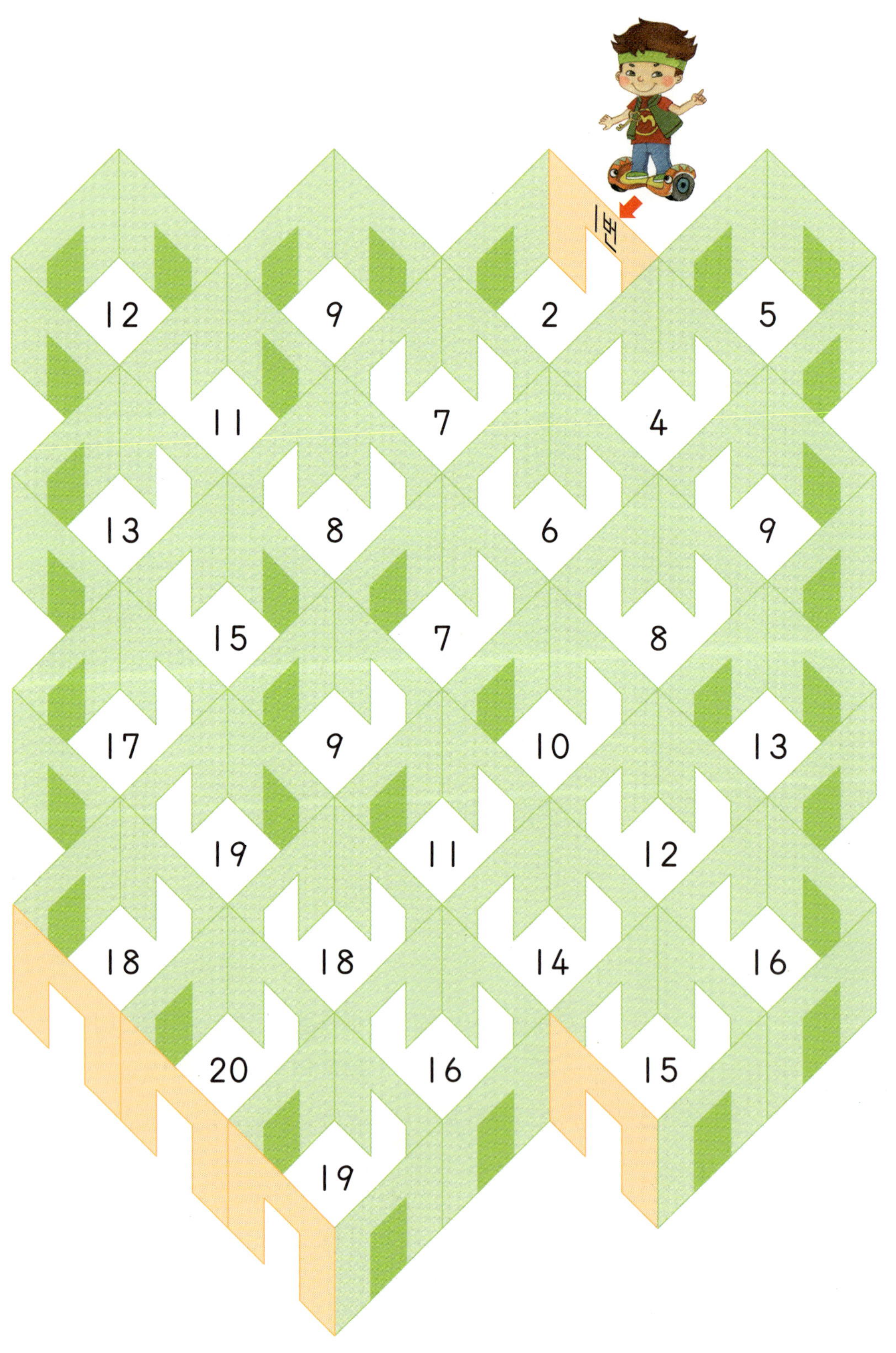

1 꼬마 요괴들이 l부터 시작하여 ☐씩 뛰어 센 수를 차례로 말하고 있습니다. 뛰어 센 수를 ☐ 안에 써넣으시오.

뛰어 센 수: ☐

2 수학 요정의 수만큼 뛰어 센 수를 차례로 쓴 것입니다. ☐ 안에 알맞은 수를 써넣으시오.

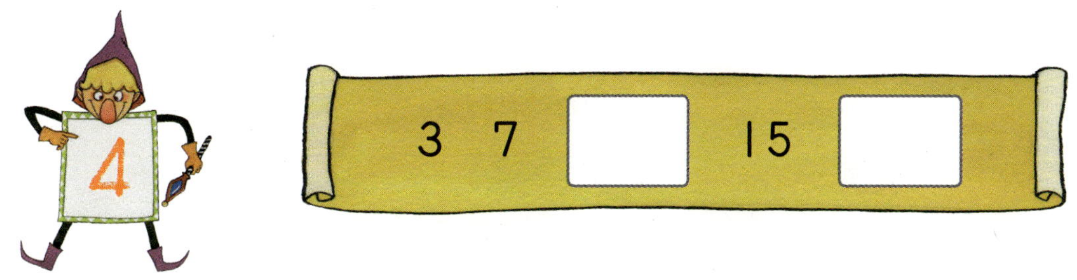

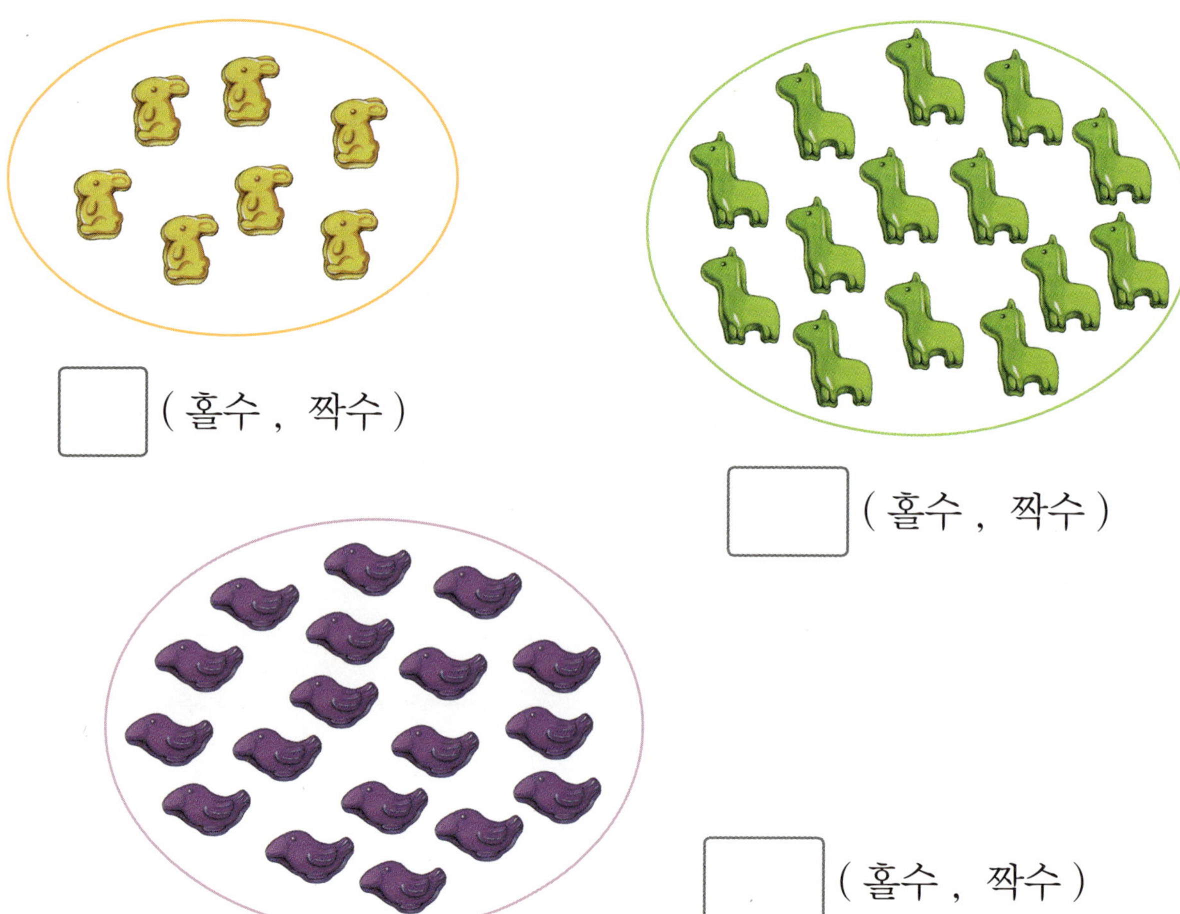

홀수, 짝수

1부터 2씩 뛰어 센 수를 홀수, 2부터 2씩 뛰어 센 수를 짝수라고 합니다. 1부터 20까지의 수에서 홀수와 짝수를 알아봅시다.

1 홀수는 파란색, 짝수를 빨간색으로 색칠하시오.

준비물 색연필

1	2	3	4	5	6	7	8	9	10
11	12	13	14	15	16	17	18	19	20

2 수를 세어 ☐ 안에 쓰고, 홀수 또는 짝수에 ◯표 하시오.

☐ (홀수 , 짝수)

☐ (홀수 , 짝수)

☐ (홀수 , 짝수)

1 [꽃잎]

대마법사 멀린의 정원에 꽃이 피었습니다. 바람에 꽃잎 2장이 떨어진다면
남은 꽃잎의 수는 홀수인지, 짝수인지 구하시오.

2 [특별한 짝수]

보기와 같이 반복하여 똑같이 둘로 나누면 1이 되는 수를 '특별한 짝수'라
고 합니다. 다음 중 특별한 짝수를 찾아 기호를 쓰시오.

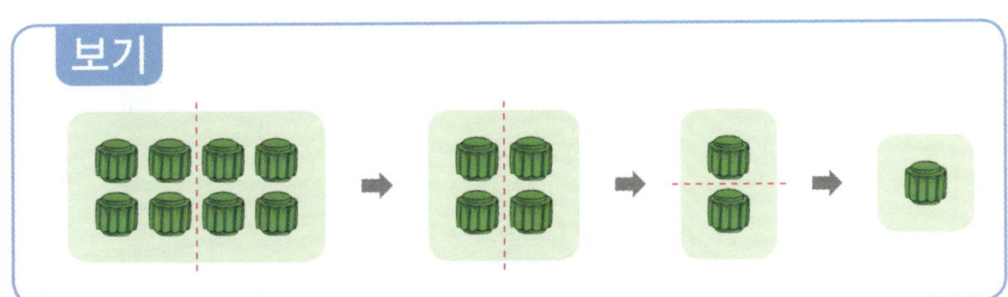

㉠
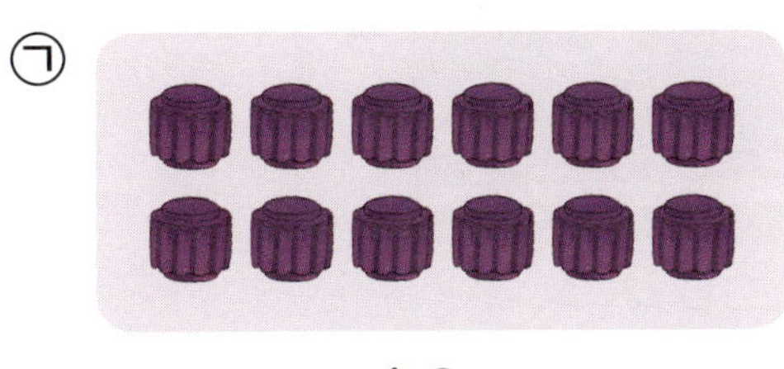

12

㉡
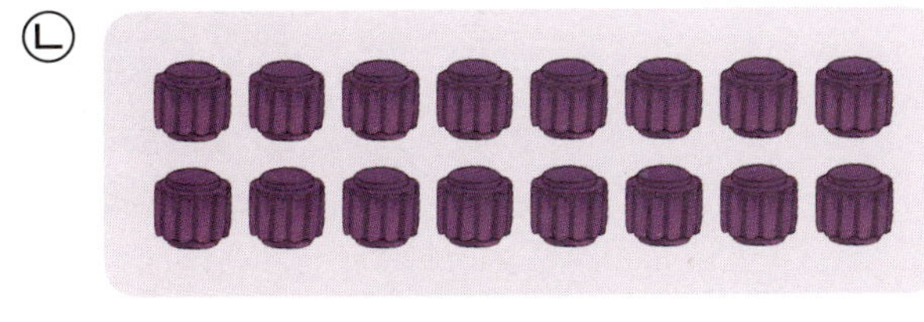

16

 창의적 문제해결력

1 과학자가 10부터 1까지 거꾸로 수를 센 후 미니 로켓을 발사하기로 하였습니다. 미니 로켓이 발사되도록 ☐ 안에 알맞은 수를 써넣으시오.

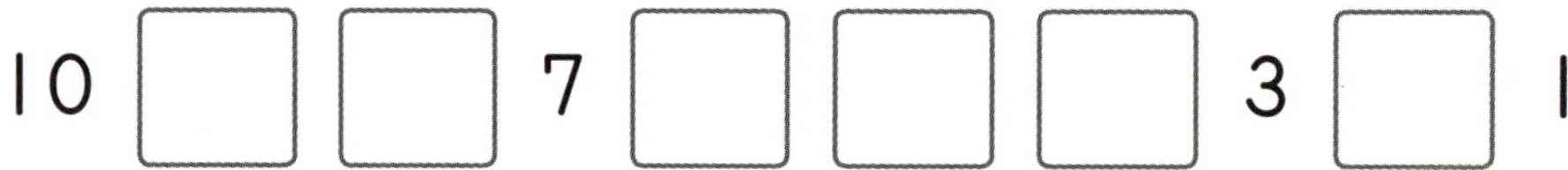

10 ☐ ☐ 7 ☐ ☐ ☐ 3 ☐ 1

2 체육 대회에서 현우가 달리기를 하고 있습니다. 현우는 앞에서 2번째, 뒤에서 3번째로 달립니다. 달리기를 하는 친구는 모두 몇 명인지 구하시오.

3 ⬜의 수를 세어 보지 않고 홀수인지, 짝수인지 ⬜ 안에 써넣으시오.

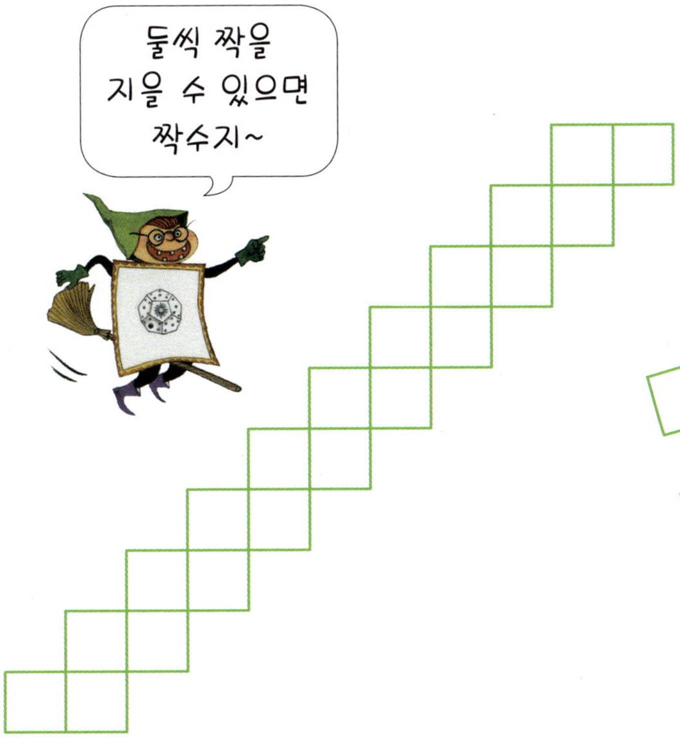

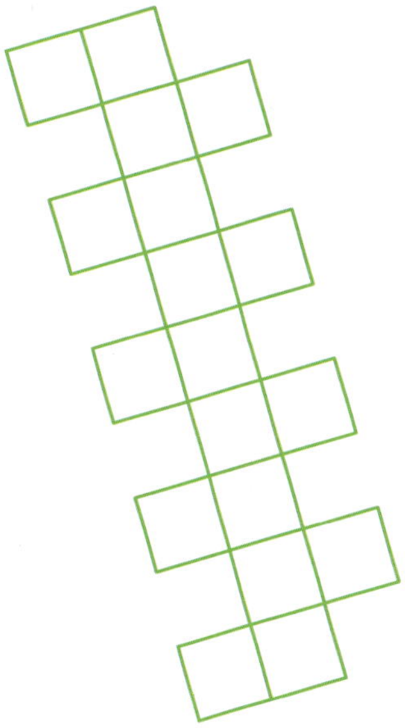

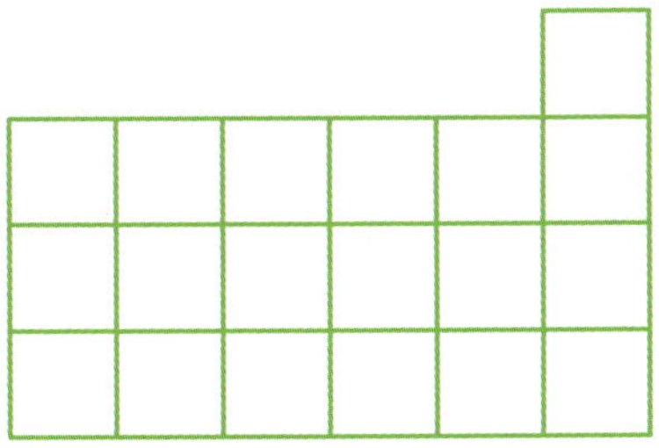

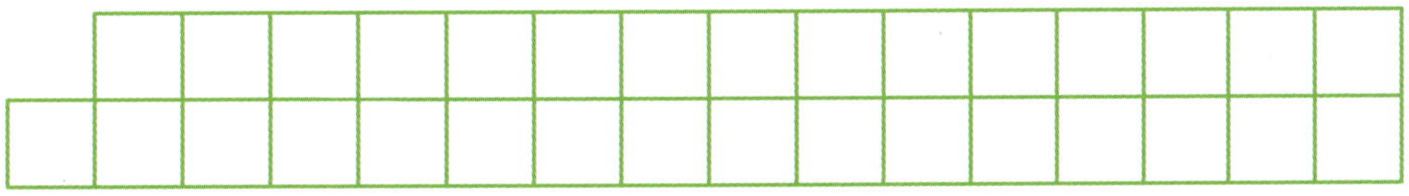

조건과 수

10 큰 수, 작은 수

수의 크기에 따라 조건 에 맞게 색칠하여 그림을 완성하시오. 

수를 여러 가지 형태로 나타낸 카드를 보고 다음 물음에 답하시오.

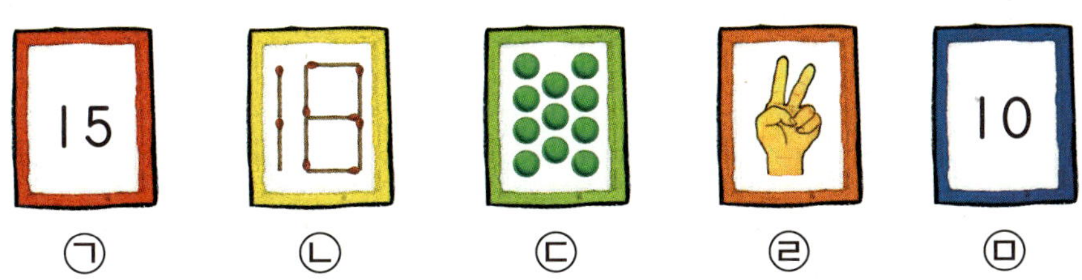

- 가장 큰 수를 나타내는 카드의 기호를 쓰시오.

- 가장 작은 수를 나타내는 카드의 기호를 쓰시오.

- 5보다 크고 15보다 작은 수를 나타내는 카드의 기호를 모두 쓰시오.

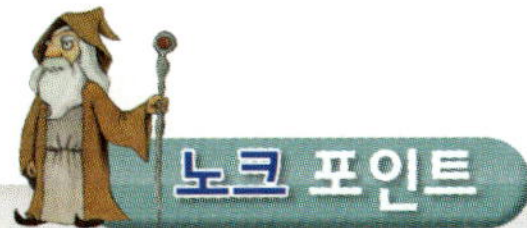

① 수가 나타내는 개수가 많을수록 큰 수입니다.

8은 3보다 큰 수입니다.

② 수를 순서대로 썼을 때 뒤에 있는 수가 앞에 있는 수보다 더 큰 수입니다.

③ 두 자리 수는 한 자리 수보다 큰 수입니다.

더 큰 수, 더 작은 수

태돌이는 더 작은 수를 따라서 미로를 통과합니다. 미로를 통과하는 길을 나타내시오. (단, 오른쪽과 아래쪽으로만 갈 수 있습니다.)

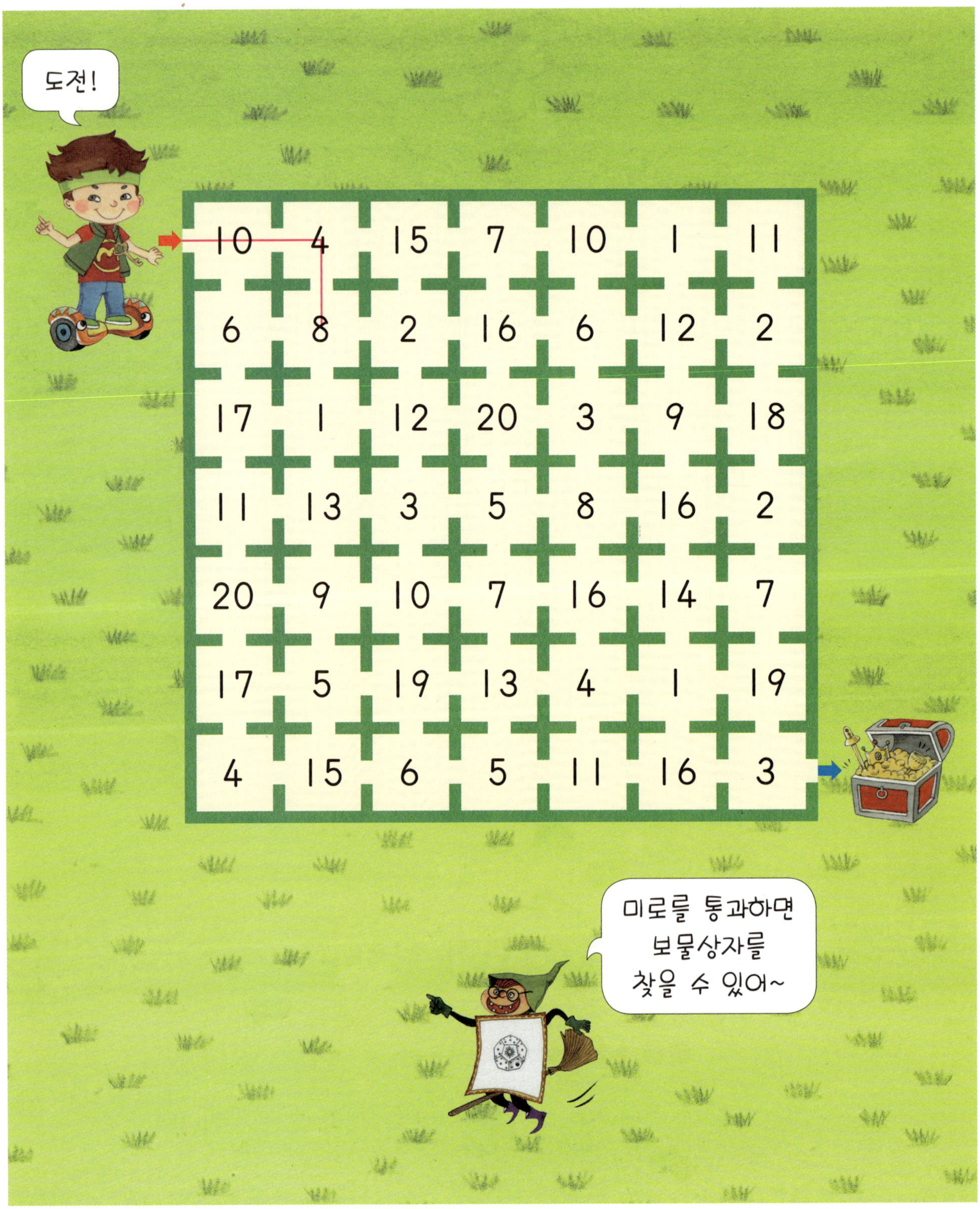

10	4	15	7	10	1	11
6	8	2	16	6	12	2
17	1	12	20	3	9	18
11	13	3	5	8	16	2
20	9	10	7	16	14	7
17	5	19	13	4	1	19
4	15	6	5	11	16	3

1 점선으로 연결된 두 수 중 더 큰 수가 있는 쪽으로 점선을 따라 화살표를
그리시오.

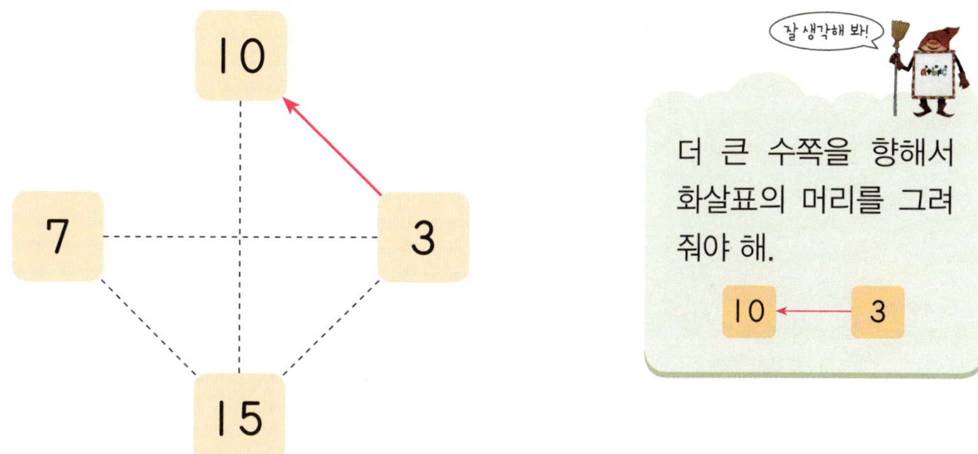

2 보기 와 같이 선으로 연결된 두 구슬 중 더 큰 수가 있는 구슬을 위에 놓습
니다. 다음 ⚪ 위에 알맞은 수 구슬을 놓아 구슬 퍼즐을 완성하시오.

준비물 구슬 스티커

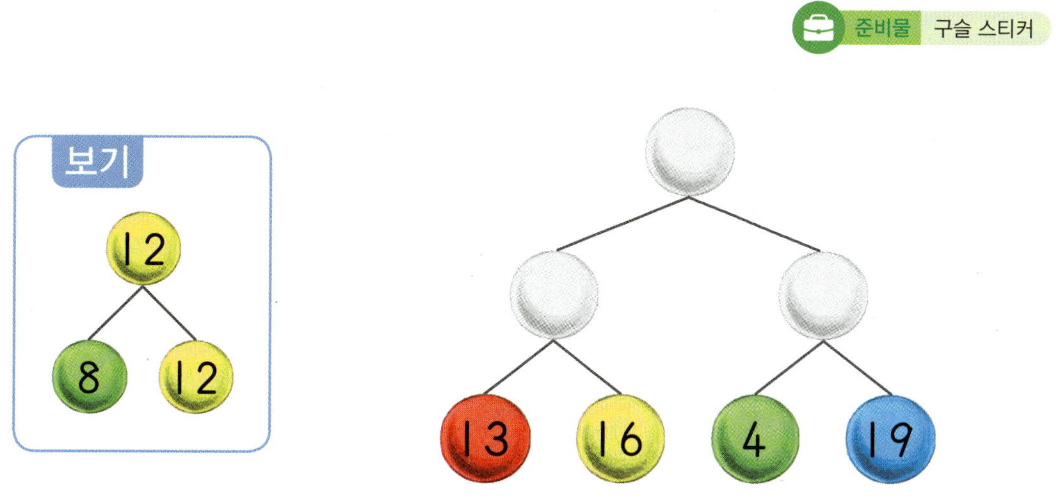

점점 크게, 점점 작게

위에서 아래로 갈수록, 왼쪽에서 오른쪽으로 갈수록 수가 점점 커지도록 빈칸에 1, 2, 3, 5를 한 번씩 써넣으시오.

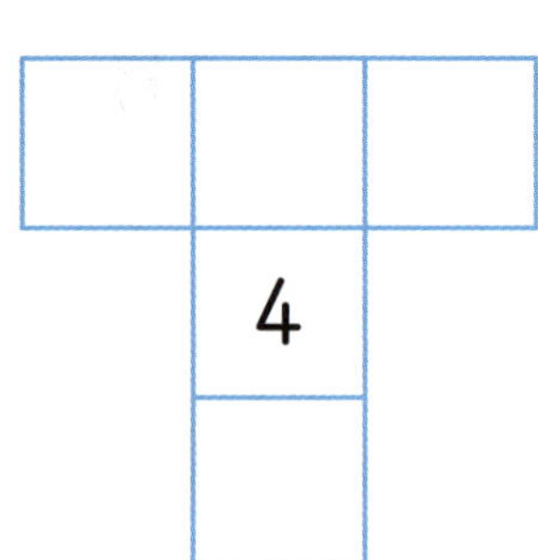

❶ 화살표 방향으로 갈수록 수가 점점 커집니다. 1과 5가 들어가는 칸을 각각 찾아 수를 써넣으시오.

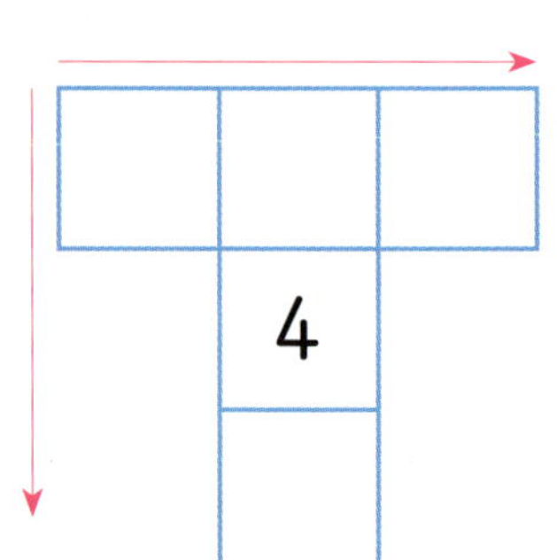

❷ 조건에 맞게 나머지 칸에 알맞은 수를 써넣으시오.

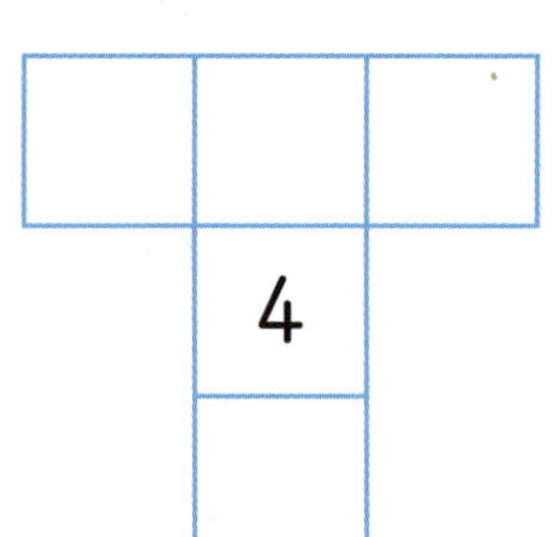

1 보기와 같이 계단의 위쪽으로 갈수록 점점 더 큰 수가 들어갑니다. 카드의 수를 한 번씩 모두 사용하여 계단 퍼즐을 완성하시오.

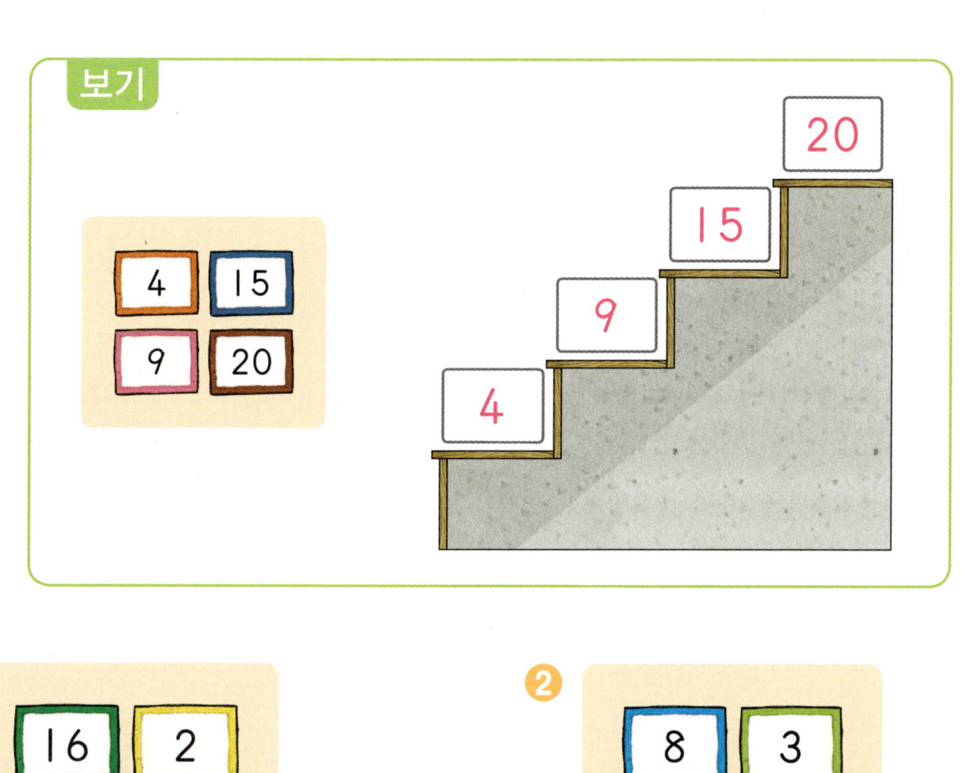

수 배치 퍼즐

붙어 있는 칸의 번호가 서로 다른 수가 되도록 빈칸에 1, 2를 알맞게 써넣으시오.

붙어 있는 칸의 번호가 서로 다른 수가 되도록 빈칸에 1, 2, 3을 알맞게 써넣으시오.

노크 포인트

수 배치 퍼즐에는 여러 가지가 있습니다.

① 붙어 있는 칸에 서로 다른 수가 들어
가는 퍼즐

② 주어진 수가 각 줄에 한 번씩만 들어
가는 퍼즐

2	3	1
3	1	2
1	2	3

③ 가로줄, 세로줄에 색칠된 칸의 수를 밖에 적는 퍼즐

한 줄에 한 번

각 가로줄과 세로줄에 1, 2, 3이 각각 한 번씩만 들어가도록 퍼즐을 완성하시오.

❶ 오른쪽 ①, ②에 알맞은 수를 ☐ 안에 써넣으시오.

①: 1   ②: ☐

3	2	①
⑤	1	③
④	②	2

❷ ❶에서 구한 수를 생각하여 ③, ④에 알맞은 수를 ☐ 안에 써넣으시오.

③: ☐   ④: ☐

❸ ⑤에 알맞은 수를 ☐ 안에 쓰고, 위 퍼즐을 완성하시오.

⑤: ☐

[세모 퍼즐]

1 각 줄에 ㅣ, 2, 3이 한 번씩만 들어가도록 ◯ 안에 알맞은 수를 써넣으시오.

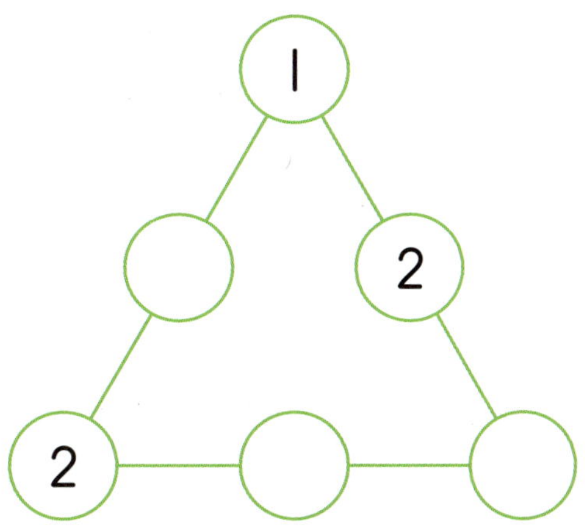

[1, 2, 3, 4]

2 각 가로줄과 세로줄에 ㅣ, 2, 3, 4가 한 번씩만 들어가도록 빈칸에 알맞은 수를 써넣으시오.

ㅣ		3	2
	2		ㅣ
4		2	3
		ㅣ	4

ㅣ	①	3	2
②	2	①	ㅣ
4	②	2	①
③	③	ㅣ	4

노노그램

노노그램은 각 가로줄과 세로줄에 색칠된 칸의 수를 사각형 밖에 적어 나타내는 것입니다. ☐ 안에 알맞은 수를 써넣으시오.

❶ 화살표를 따라 각 세로줄에 색칠된 칸의 수를 ㉠, ㉡, ㉢의 ☐ 안에 써넣으시오.

㉠: ｜　　㉡: ☐　　㉢: ☐

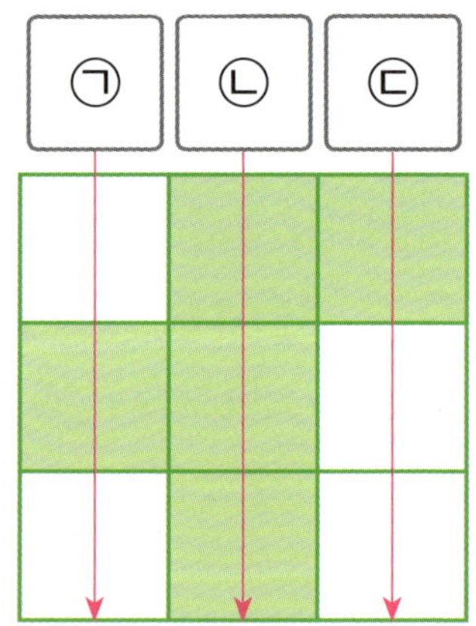

❷ 화살표를 따라 각 가로줄에 색칠된 칸의 수를 ㉣, ㉤, ㉥의 ☐ 안에 써넣으시오.

㉣: ☐　　㉤: ☐　　㉥: ☐

❸ 노노그램을 완성하시오.

1 각 가로줄과 세로줄에 놓인 금화의 수를 ☐ 안에 써넣으시오.

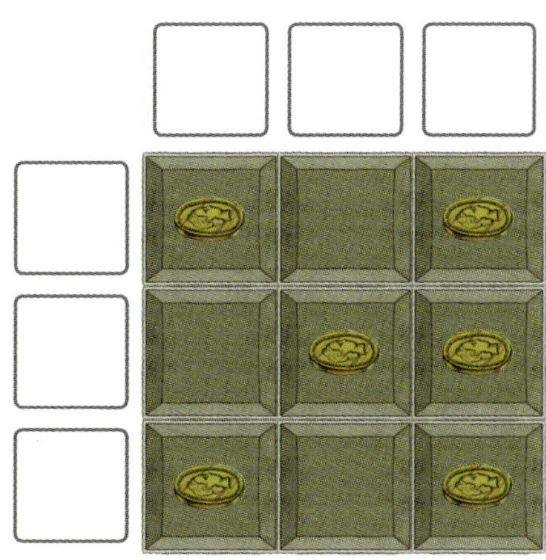

2 사각형 밖에 있는 수는 그 줄에 색칠된 칸의 수를 나타냅니다. 알맞게 색칠하여 노노그램을 완성하시오.

한 줄이 3칸이고 그 줄 밖에 3이 있으면 그 줄은 다 색칠하라는 얘기지.

12 금화의 수

꼬마 요괴들이 각자 자신이 지키고 있는 보물 상자에 들어 있는 금화의 수를 이야기 합니다.

각 보물 상자에 들어 있는 금화의 수를 ☐ 안에 써넣으시오.

 ☐ 개　　　 ☐ 개　　　 ☐ 개

초등학생인 태경이의 나이를 맞혀 보시오.

현우가 가진 몬스터 카드는 몇 장인지 쓰시오.

노크 포인트

여러 가지 조건을 모두 만족하는 수를 구할 때는 각 조건에 맞는 수와 맞지 않는 수를 순서대로 찾아서 구합니다.

[조건]
1. 4보다 크고 10보다 작은 수 → 5, 6, 7, 8, 9
2. 홀수 → 5, 7, 9
3. 홀수 중 가장 큰 수 → 9

티나가 조건에 맞는 수를 따라 길을 갑니다. 티나가 가는 길을 선으로 나타내시오.

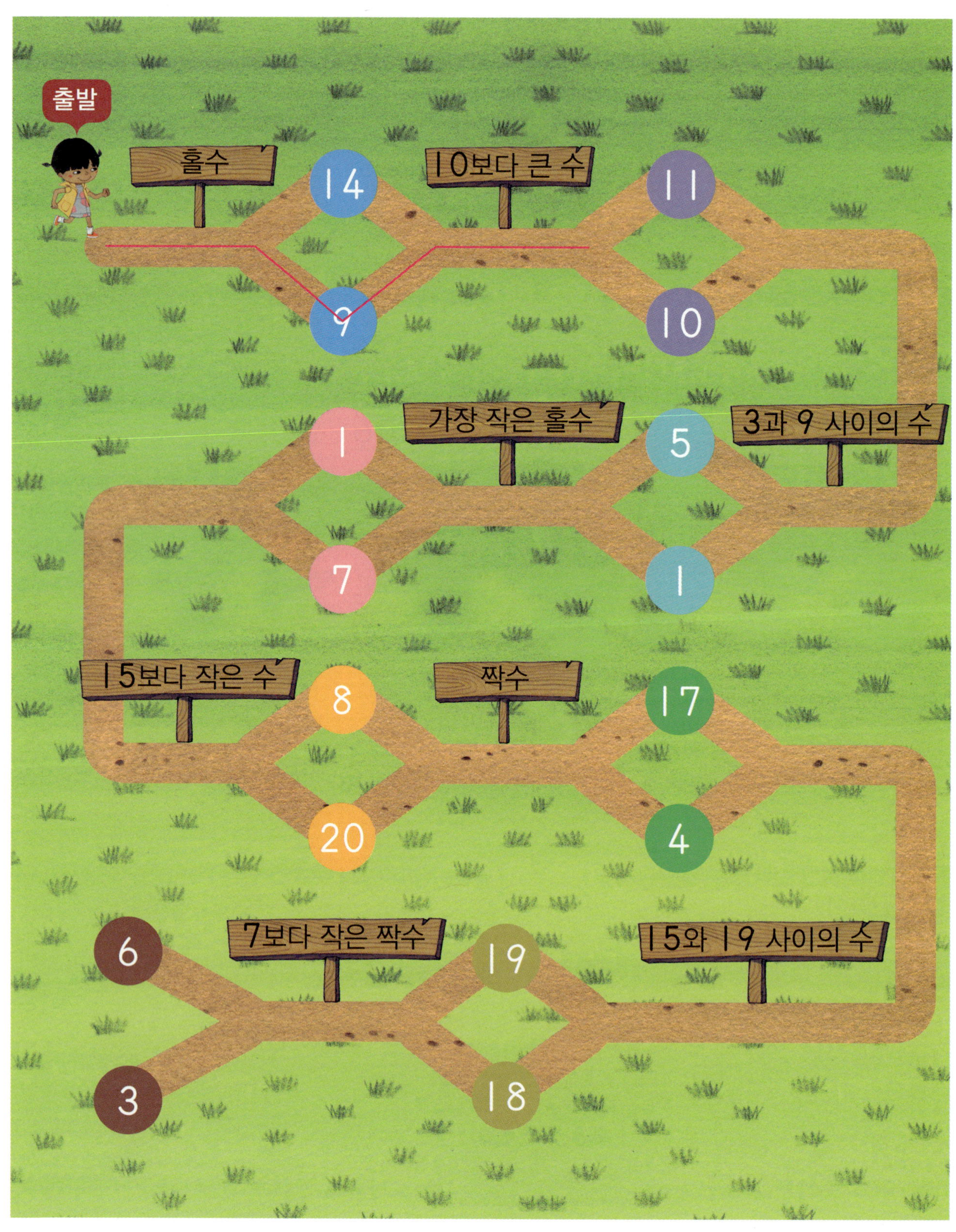

1 주어진 조건에 해당하는 수에 모두 ◯표 하시오.

①

②

[나이]

2 다음은 나이에 따른 영유아, 어린이, 청소년의 구분입니다. 다음 중 청소년에 해당하는 사람의 이름을 쓰시오.

영유아	0세부터 7세까지
어린이	8세부터 13세까지
청소년	14세부터 19세까지

정환 10세 연우 6세 연우 5세 아인 15세

조건과 수

지옥의 문의 비밀 번호는 1부터 20까지의 수 중 하나입니다. 주어진 조건을 모두 만족하는 지옥의 문의 비밀 번호를 구하시오.

❶ 다음 중 조건 ①에 해당하지 않는 수를 모두 지우시오.

1 2 3 4 5 6 7 8 9 10
11 12 13 14 15 16 17 18 19 20

❷ ❶에서 지우고 남은 수 중 조건 ②에 맞는 수에 모두 ○표 하시오.

❸ ❷에서 ○표 한 수 중 조건 ③에 맞는 수를 구하시오. 비밀 번호는 무엇입니까?

1 수가 적혀 있는 공들이 있습니다. 카드에 적힌 조건과 맞는 공을 찾아 선으
로 이으시오.

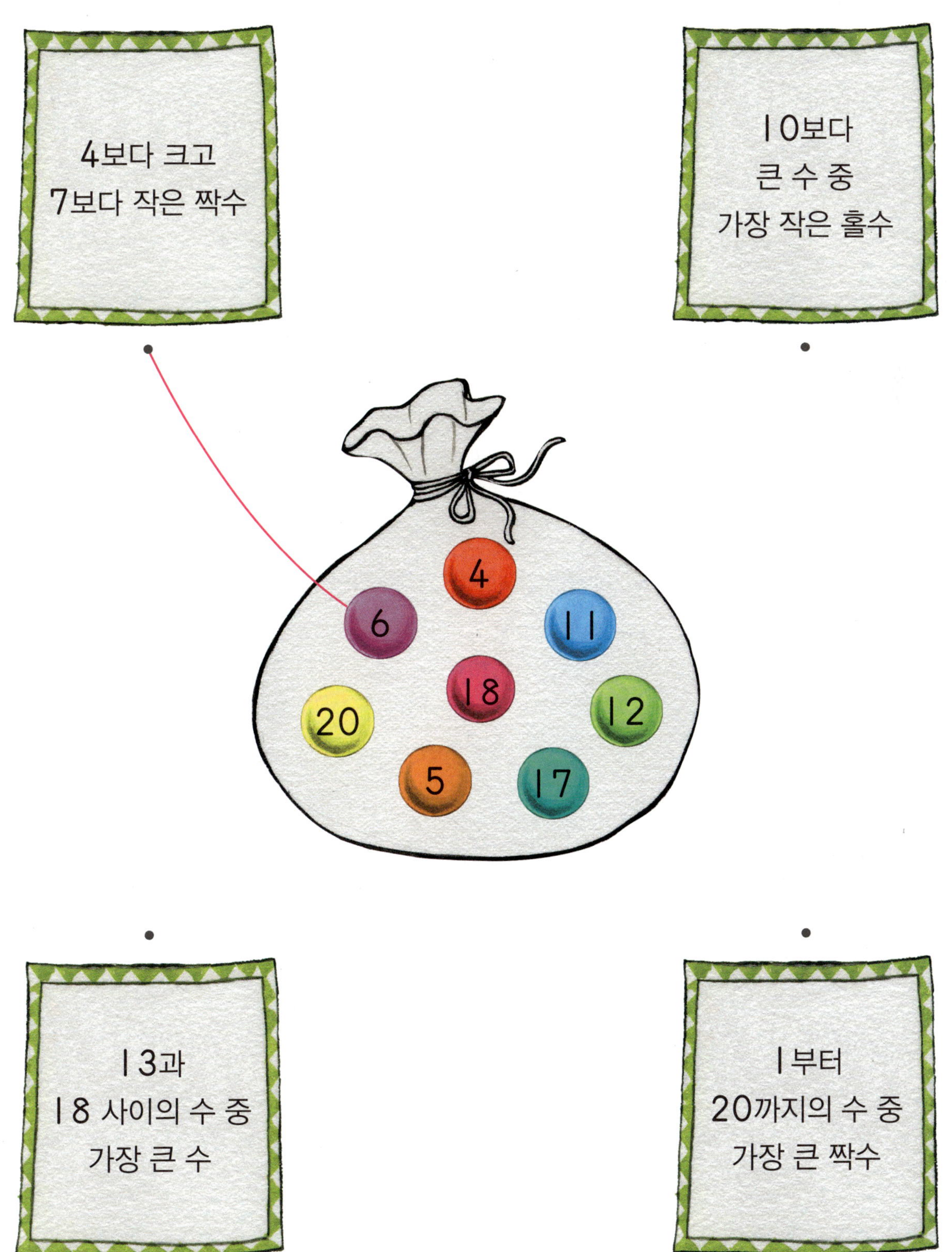

창의적 문제해결력

1 화살표 방향으로 수가 점점 커지도록 ◯ 안에 l, 2, 3, 4를 한 번씩 써넣으시오.

2 숫자 카드 중 2장을 사용하여 요괴가 말하는 조건에 맞는 수를 만드시오.

3 사각형 밖의 수는 가로줄과 세로줄에 있는 코끼리 젤리의 수를 나타냅니다. 젤리 스티커를 사용하여 퍼즐을 완성하시오.

준비물 젤리 스티커

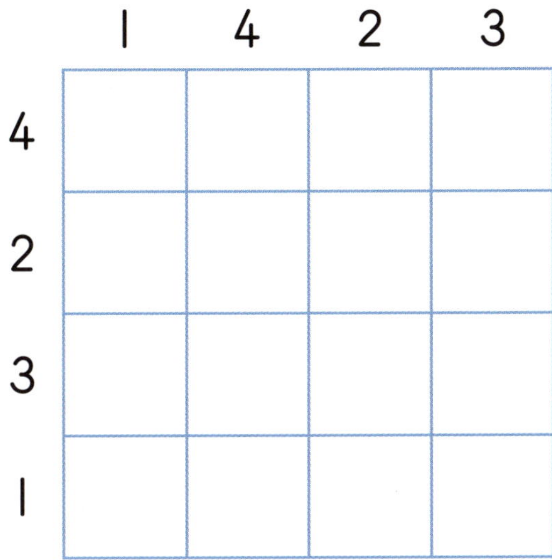

 사과 스티커

61쪽에 사용하세요.

 두더지 스티커

64쪽에 사용하세요.

 구슬 스티커

79쪽에 사용하세요.

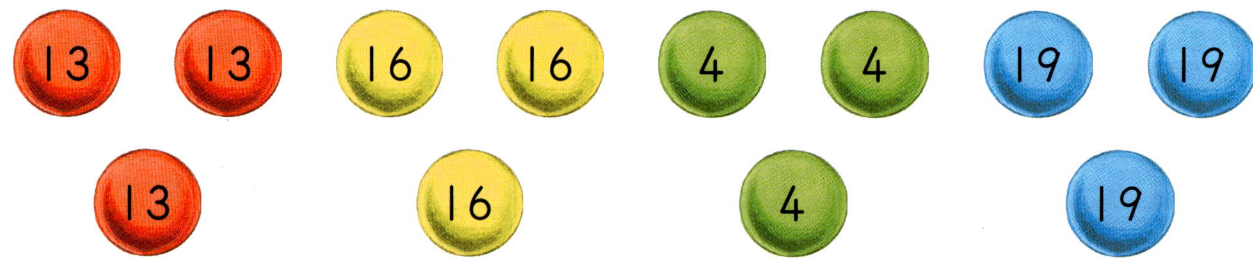

 젤리 스티커

95쪽에 사용하세요.

13쪽에 사용하세요.

35쪽에 사용하세요.

41쪽에 사용하세요.

준비물 개수 스티커
24쪽에 사용하세요.

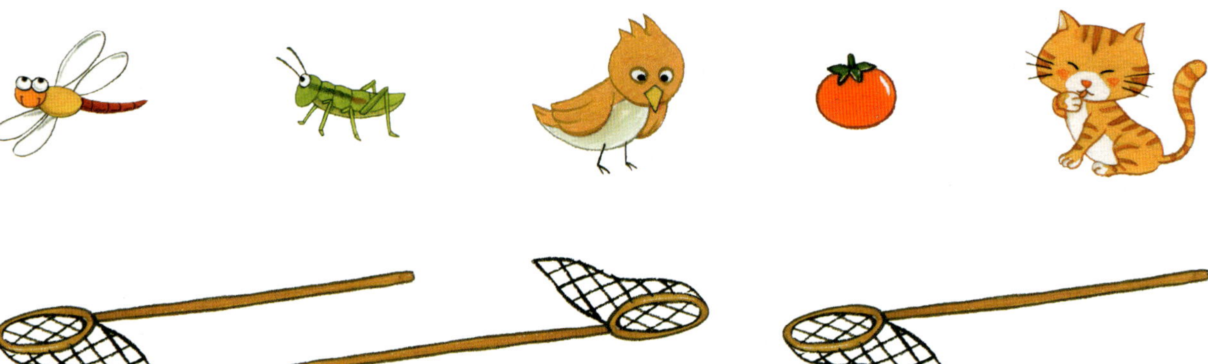

준비물 양 스티커
32쪽에 사용하세요.

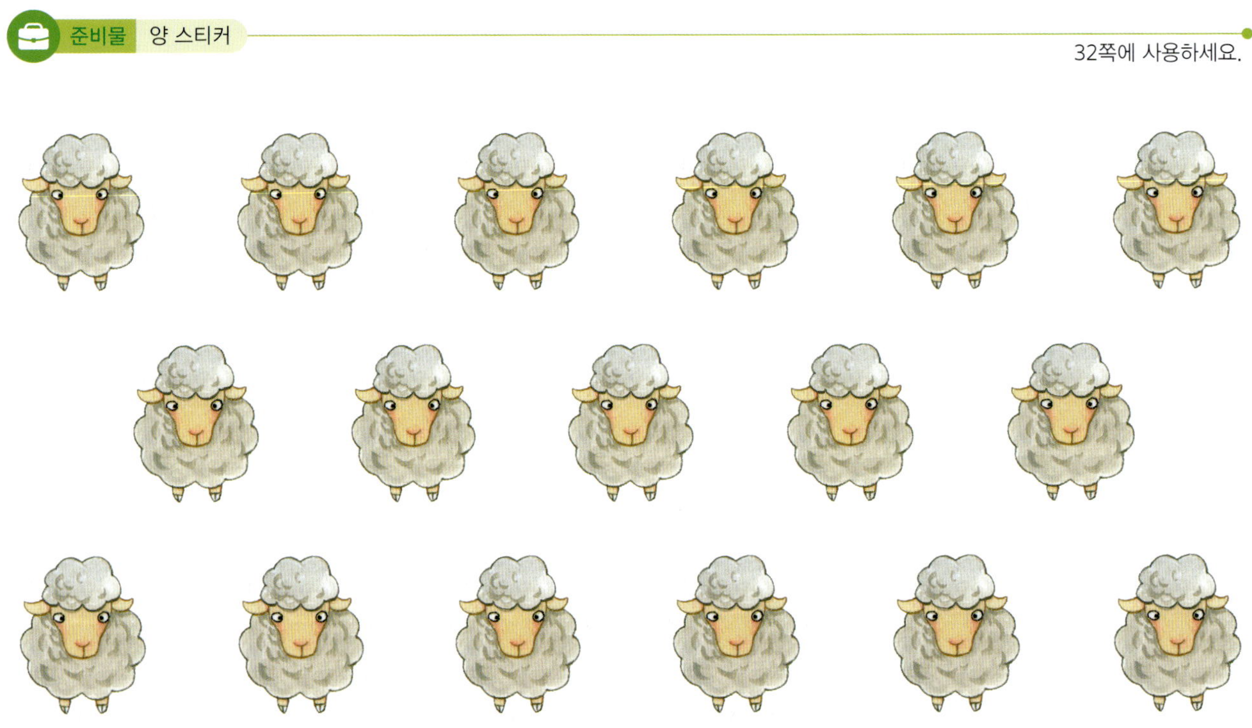

준비물 오렌지 스티커
37쪽에 사용하세요.

11쪽에 사용하세요.

58쪽에 사용하세요.

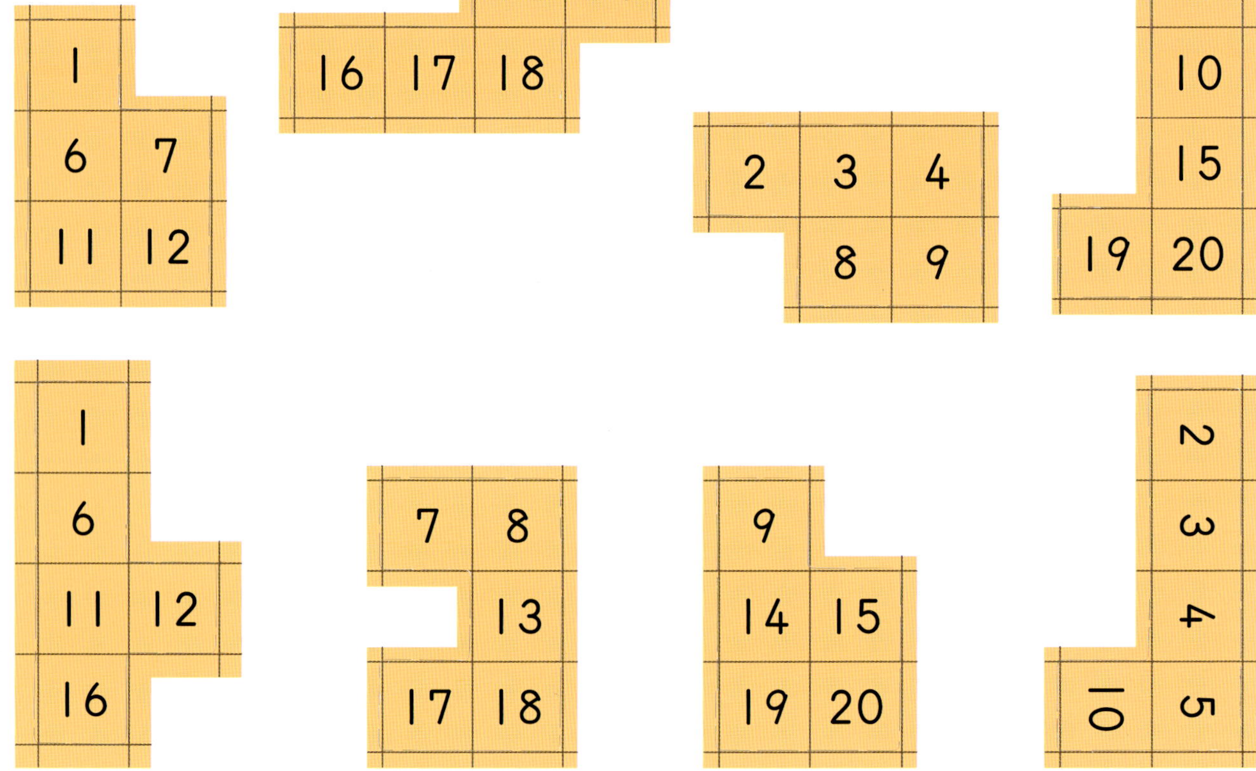